JN069407

先生のための
CBT
問題事例&
作成ガイドブック

高等学校　数学・理科

安野 史子 編著

はじめに

　近年、教育のデジタル化、教育DXといわれ、教育現場でのICT活用が推奨されるようになってきた。政府が推し進めるGIGA（Global and Innovation Gateway for All）スクール構想に、新型コロナウイルス感染症（COVID-19）の感染拡大で拍車がかかり、わが国で遅れをとってきた教育現場でのデジタル化は、否応なしに前進することになった。ならびに、平成29年告示の小学校学習指導要領及び中学校学習指導要領のみならず、平成30年告示の高等学校学習指導要領の中にも、「コンピュータなどの情報機器を…」という文言が多く用いられるようになった。

　一方、CBT（Computer Based Testing）と一般的によばれるコンピュータを用いたテストは、OECDのPISA、IEAのTIMSSをはじめとする国際調査では既に導入されている。そして、諸外国における全国規模の学力調査も、すでにCBT化がなされていたり、切り替えの最中であったり、検討中であったりする。欧米の高等学校や高等教育機関では、COVID-19以前から、日常的に学習管理システム（Learning Management System; LMS）の利用がなされている事例が多いのに対して、わが国の高等学校ではほとんど未導入で、高等教育機関では導入率は高いものの一部の教員のみの活用にとどまっていた。COVID-19によりLMSを利用した遠隔授業を余儀なくされ、皮肉にもLMSが急速に認知された。多くのLMSには小テスト機能があり、逆に、CBTへの敷居はかなり低くなった。また、選択肢問題や客観性の高い問題は、採点から簡単な分析まで自動化されているため、その簡便さを実感できた大学教員も多くなってきた。

　そうした状況の中、大規模テストでのCBT化の検討がなされるようになったが、実施及び結果処理に関する検討が目立ち、デジタル問題そのものに関する議論はほとんどなされていない。そのような動向を横目で見ながら、我々は、10年ほど前から、これからの時代、問題がデジタル化したら、わが国の学習指導要領に沿った問題がどうあるべきかという検討を行うとともに、実際に高等学校や大学の先生方と自らの手で、ゼロベースでデジタルに特化した問題の開発をスタートさせた。それは、動的コンテンツのプログラミング、実験の実施、動画の撮影、編集も含め、全て一からの作成である。その開発状況は、失敗の繰り返しであったり、実際に高校生に解答してもらったら、こちらが想定してもいなかったことが起きたりもした。検討段階で没となった問題はどのくらいあったかわからない。没になる究極の一言は、「この問題って、ペーパーテストの問題と変わらないじゃない」であった。しかし、何度も失敗を繰り返したからこそ、様々な注意点が見え、一問

良問ができると、そこから類似問題は比較的簡単に作れるという実感も持てた。

　これから様々なテストでCBT化が進んでいく中、現在、デジタルに特化した問題はあまり公開されていない。そこで、問題開発の一助となることを願って、本書を公刊し、開発した問題を具体的に紹介するとともに、その作成ガイドを示すことにした。

　第Ⅰ部では、デジタル問題の開発の背景と目的について紹介している。紙で表現できる問題と異なる問題とはどんな問題で、今までの紙で表現してきた問題と評価がどのように変わるのかについて解説している。例えば、昨今紙ベースの問題で注目されている大学入学共通テストでは、多くの資料から適切に情報を読み取る力や、知識の活用力や応用力が問われている。一方、デジタル問題では、動画や動的コンテンツを用いることができる。これにより、紙ベースでは様々な現象を言語化するが、デジタル問題では、読解の量を減らし、数学や理科の力をより直接的に評価できる特徴がある。

　第Ⅱ部では、実際に開発した問題を紹介している。各問題について、デジタル問題としての特徴、平成30年告示の高等学校学習指導要領に沿った問題の情報、作題の趣旨、解答・解説等を併せて示している。

　第Ⅲ部では、デジタル問題の作成ガイドとして、既存システム、問題に組み込めるデジタルコンテンツ、問題のタイプを紹介している。そして、現時点での問題点や今後の課題にも触れている。

　なお、本書で紹介しているデジタル問題は、日本学術振興会科学研究費助成事業（科学研究費補助金）基盤研究（A）（一般）2013（平成25）年度～2016（平成28）年度「高大接続に資する多面的・総合的な学力評価・測定を行うための新たな技術的基盤の構築」（課題番号：25242016）、及び基盤研究（A）（一般）2017（平成29）年度～2022（令和4）年度「高大接続に資する多面的評価のためのタブレット端末を用いたCBTの総合的研究」（課題番号：17H00822）の助成を受けて行った調査研究で開発した問題を、書籍用に一部改良したものである。

　末筆ながら、ご多忙中ご協力いただいた執筆者諸氏、早稲田大学の菅原義之氏、並びに本書の企画から刊行に至るまで担当していただいた学事出版の二井豪氏に深甚の謝意を表したい。

　2023年9月

安野　史子

第Ⅲ部　デジタル問題作成ガイド

第4章　どんなシステムがある？
138

第Ⅰ部
デジタル問題開発の目的とその背景

第1章

ねらいと特徴

　コンピュータやタブレット端末の普及とともに、大容量インターネット環境の整備が進む中、国内外で少しずつ、従来の筆記型のテスト（Paper Based Testing; PBT）に代わるコンピュータ型のテスト（Computer Based Testing; CBT）の導入が進んできていた。わが国では、特に、コロナ禍で一か所に大勢の人が集まっての授業や一斉実施のテストが困難となり、学習管理システム（Learning Management System; LMS）やCBTが世間一般に急速に広がり、認知されるようになった。特に、資格・検定団体の試験、企業内試験でCBTの導入が先行して進んでいる。教育評価においても、今後、CBTの導入が広がっていく中で、これまでのPBTの問題をCBTに置き換えるのではなく、PBTとCBTの特徴を理解した上で、これまでに表現できなかった問題やそれを用いた評価の可能性がある。それらについて概観する。

1.1 PBTとCBTのそれぞれの特徴

　教育におけるテストは、「試験」「検査」「考査」とも呼ばれ、達成した知識や技能の程度を測るために実施されることが多い。用途は、「診断」「成績評価」「選抜」「配置」「認定」「免許取得」といったように多岐にわたる。一般に、大学入学者選抜試験のような大規模試験で試験結果が受験者に重要な影響を与えるテストはハイステークステスト（High-Stakes Test）と呼ばれ、日常的にクラス内で行われている日々の学習診断テストの類はローステークステスト（Low-Stakes Test）と呼ばれる。それらのテストの大部分は、一部の口頭試問、あるいは放送や機器を利用したリスニングの試験を除けば、筆記型であるPBTで実施されてきている。指導と一体化されたテスト設計が求められるため、教師は、多かれ少なかれ日常的に問題（項目）開発をし、実施、採点に至るまでの作業を行っている。そのため、テストがコンピュータで行われれば、教員の多くは、採点をしなくて済む

というイメージを抱くだろう。また、大規模試験であれば、実施者側は、問題や解答用紙の印刷、保管、輸送、採点、廃棄等の経費が軽減されるといったことをイメージする一方で、機器を用いるハイステークステストとして、大学入試センター試験でのリスニングで使用するICプレーヤーのトラブル報道を思い浮かべる人もいるであろう。一方、受験者からは、単純な知識を問う選択肢の問題であれば、ポチポチとクリックすればいいが、じっくり考えないといけない問題がコンピュータのディスプレイに表示されると、書き込みができない、特に、関数のグラフや図形などが含まれる問題は、別の紙に書き写さないといけないという不平不満が出る。また、コンピュータのキーボードによるテキスト入力が求められると、自分はキーボード入力が苦手だから不利だと主張する。まさに、三者三様であり、CBTにすると夢物語が待っているわけではなく、PBTとCBTのそれぞれの特性を理解して、併用していくことが求められる。

　まず、表1.1にPBTとCBTそれぞれのメリット・デメリットとなる主な特徴を簡単にまとめた。テストを設計する際に、PBTとCBTのどちらを採用するかは、これらのことを踏まえた総合的判断となる。教育におけるテストの結果は、数値、あるいはカテゴリー（段階別評価）によって示される。結果の評価は、目標準拠評価なのか、集団準拠評価なのかという議論がなされ、ともすれば、統計モデルの式で算出した数値がより正確に測れているといった議論に発展する。もちろん、CBTでは、選択肢をシャッフルしたり、問題をランダムに出題したりすることが容易であり、自動採点までもしてくれるのであれば、知識や手順の確認を目的としたローステークステストとしてのドリル（演習）での利用に適していることは言うまでもない。しかし、一番忘れてはいけないのは、教育におけるテストの多くは、前述の繰り返しになるが、達成した知識や技能の程度を測るために実施されることが多く、そのための評価の枠組みに沿った問題が重要であることである。その問題で測られる内容が理解できているかどうかを確認し、学習者と指導者それぞれが次のアクションへと進むことが大切である。PBTであろうとCBTであろうと、どんな問題で、どんなことを測ろうとしているかという原点に立ち返る必要がある。このことから、本書では、CBTによるデジタル問題ではどんな問題が可能になるかを探ることを第一義としている。

1.2 紙での表現と異なる問題や評価とは？

　まず、わかりやすいのは、英語の4技能、すなわち、「聞く（リスニング）」「読む（リー

表1.1　PBTとCBTの主な特徴

		PBT	CBT
作題者側	問題	・長文の素材文や複数ページにわたる問題に相応 ・問題に直接書き込みが容易	・動的コンテンツ（含：音声・動画）を用いた問題の出題が可能
	解答時間	・項目ごとに制御や測定難	・項目ごとに制御や測定可
	解答順序	・複数冊子にしても制御難	・項目ごとに制御可（ランダム可）
	解答形式	・論述式、自由記述式（数式等を含む）に相応	・多肢選択式に最適 ・データの入力制御可 ・データログ（解答・操作ログ）の収集可
受験者側	別の能力	・コンピュータの操作能力に依存しない	・コンピュータの操作能力に依存する可能性有
	解答方式	・解答用紙（マークシート）への記入［手書き入力］	・マウス、キーボード、ペン等での入力［電子入力］ ・マイクでの音声入力（スピーキング）
実施者側	実施	・実施会場（教室）が必要 ・一斉実施が基本	・実施用端末が必要 ・実施時間場所を自由に設定可
	実施のコントロール	・監督者が必要	・本人認証システム ・不正行為検知システム
	実施トラブル	・自然災害、悪天候、公共交通機関の影響を受ける	・実施用端末のトラブル ・システムやネットワークのトラブル
	採点	・採点者による採点（OCRによる機械読取）	・選択式・客観式問題は機械即時採点可能［時短］
	結果集計	・入力作業を伴う労力 ・手動を伴う集計作業	・採点から集計まで自動化可能
	費用	・初期費用は安価で、実施規模に比例	・初期費用は割高で、中長期的に経費削減（印刷、保管、輸送、採点、廃棄等）
	セキュリティ	・データの大量流出の危険性低 ・問題冊子の取扱注意	・問題やデータの大量流出の危険性高 ・セキュリティの構築必須
	アクセシビリティ	・拡大文字冊子、点字冊子 ・解答方法の配慮（点字、代筆等） ・時間延長	・アクセシビリティ対応コンテンツの作成（画像コンテンツの代替テキスト、動画コンテンツの字幕等）

ディング）」「話す（スピーキング）」「書く（ライティング）」という四つの力をどのように評価するかである。紙と鉛筆では、「読む」と「書く」のみしか測ることができず、「聞く」は、音声を再生する機器があれば、ぎりぎりPBTで測ることができないとは言えないが、問うことができる内容が限定される。さらに、「話す」は、むしろ口頭試験であれば可能であるが、解答用紙に解答するというのは、無理な話である。CBTで実施すれば、「聞く」ための専用の機器は不要となり、4技能すべてが測れる。ただし、「話す」は、誰が採点するのか、どう採点するのかという問題を抱えている。音声認識エンジンの精度が高くなっていても、音声認識エンジンは言語学習のために開発されているわけではないため、機械が聞き取れるからそれでいいというわけにはいかない。このように、コンピュータを利用すると、測れる力が広がる可能性があるが、まだまだ発展途上である。

第3章では、高等学校の数学と理科のデジタル問題を紹介している。これらの問題を開発し始めた際に、筆者らは、コンピュータでなければ出題できない問題とはどんな問題かという議論を重ねた。数学では、『数学Ⅰ』の「データの分析」や『数学B』の「統計的な推測」は、コンピュータとの親和性が高いはずである。しかし、具体的に問題案を出し合って詰めていくうちに、様々な意見が出てきて、最終的には、完成まで至った問題はそれほど多くなかった。主な意見は、以下のとおりである。

● 実際の学習の場面で、コンピュータを活用していないのに評価だけ利用するのはどうかというそもそも論。

● 想定解答時間が10〜20分程度で解答させる場合、初出ではアプリケーションの操作性の問題により出題が困難である。このことは、操作スキルで差異が生じないよう操作ガイダンスに時間を要することに起因する。

● 単純な操作で作業量も少なくするには、アプリケーションとしての作り込みが必要となり問題ごとに経費がかかるばかりでなく、簡単に作れる問題ではなくなる。

最終的に数学は、紙では表現できない動きがある（あるいは動かせる）図形や関数グラフの問題が多くなった。これらの問題の中には、動的な図形やグラフがなくても、問題として成立するものもある。実際に解いてもらった高校生からは、数学での想像する力を発揮できなくなるという意見もあった。問題は様々で、その力までも含めた評価をするのであればなくても構わないが、その代わり難度が上がり、特定の層のみの評価でしか使用できなくなる。動的な図形やグラフを付与することによって、高等学校学習指導要領（平成30年告示）解説 数学編 理数編に示されている「算数・数学の学習過程のイメージ図」[1].

p.26の算数・数学の問題発見・解決の過程に分解した評価が可能となり、より広範な評価のために使用することができる。また、PBTでは、特定の値について求めさせて、それから一般化させるというスタイルの問題がよくあるが、CBTによるデジタル問題ではその類の既存問題とは異なり、まずは、図形やグラフを動かして、大まかな状況を把握し、一般化へというプロセスに変えられる。さらには、高等学校学習指導要領[2]の内容に、「コンピュータなどの情報機器を用いてグラフをかくなどして多面的に考察すること。」「コンピュータなどの情報機器を用いて図形を表すなどして、図形の性質や作図について統合的・発展的に考察すること。」といったことが多く明記されている。それに対する評価でもある。

理科については、当初、様々なバーチャル実験アプリがすでに存在するなかで、CBTによるデジタル問題でそれを取り入れるかどうかという議論になった。高等学校学習指導要領に示されている教科「理科」の目標は、「自然の事物・現象に関わり、理科の見方・考え方を働かせ、見通しをもって観察、実験を行うことなどを通して、自然の事物・現象を科学的に探究するために必要な資質・能力を次のとおり育成することを目指す。」である[2], p.103。評価においてバーチャル実験を取り入れれば、学習段階でもバーチャル実験でよいというメッセージになりかねない。専門的で莫大な費用がかかる実験、あるいは試料の希少性が高いことにより何度も試すことができない実験をバーチャルで行うことは意味がある。一方、医学での手術の手技の練習などでバーチャルを取り入れるのは、最終的には現実で行う場合の精度を高めるためである。したがって、高等学校までの理科で扱う観察、実験はそれらには該当せず、現実に行うのが原則である。理科の学習段階でバーチャル実験を多用すると、ゲーム感覚で行う危険性があり、デジタルで単に爆発したで終ってしまい、有害性・毒性といったリスクも含めた安全教育が行えないことが危惧される。他方で、PBTの既存問題の中には、実験による現象を言語化してしまうことにより、実際の実験をした経験がなくても、気体が発生した、白色沈殿が生じたなどを、知識として暗記しさえすれば理解しているという評価になってしまっている場合がある。そこで、動画を用いたデジタル問題は、このことからの脱却の機会となり得る。PBTでは現象を見て判断させるということは難しいが、デジタル問題では動画を用いることで、実験を行ったり演示実験を見たりした経験が解答で活かされ、それが評価につながる。筆者らは、このことを意図した作題がより可能となると考えた。そこで、理科の問題では、実験動画を多く用いている。

参考文献 ───

[1] 文部科学省 (2019).『高等学校学習指導要領（平成30年告示）解説 数学編 理数編』. 学校図書.

[2] 文部科学省 (2019).『高等学校学習指導要領（平成30年告示）』. 東山書房.

第2章

国内外の動向

2.1 国際的動向

　今世紀初頭から、情報通信技術（Information and Communication Technology; ICT）が急速に発展し、ICTは教育のあらゆる場面で、いろいろな可能性を提供してきている。コンピュータによる評価においても、その活用は急速にシェアを拡大し、これまでの紙と鉛筆で行われてきた伝統的な紙筆テストであるPBTによる評価から新しい評価への変革期となっている。

　コンピュータを利用したテストであるCBTは、1980年代に米国で開発され、欧米を中心に比較的広範に普及してきた。それらは、自動採点も含め、様々な利点が明らかにされてきた。一方、テスト理論という観点からは、1920年代以降に心理測定法（項目反応理論の出現により後に古典的テスト理論と呼ばれる）が米国を中心に広がったが、集団準拠測定法に基づいている点で限界が指摘されるようになった。この問題点を解消するために、1950年代に、項目反応理論（Item Response Theory; IRT）が提案され、欧米やオーストラリアといった国々において、教育テスト、外国語テストなどの場面で、実用化されてきている。そのIRTを利用してモデル化したコンピュータ適応型テスト（Computer-adaptive Testing, Computerized Adaptive Test; CAT）についても1990年代から欧米を中心に実用化がされてきている。CATは、受験者の解答パターンに応じて、問題項目が選ばれて出題される。なお、本書では、測定に関する議論は行わない。

　こういった状況で、初期のCBTは、これまでの紙筆でのテスト（PBT）の問題を単にコンピュータに移行しただけのものも少なくなかった。それでも、問題ごとの時間の制御や自動採点、実施プロセスの効率化、さらには解答行動分析が可能等、様々な利点がある事実も示された。しかし、我々が考えるCBTの積極的活用意義は、コンピュータでしか実現できない評価方法、特に、問題に焦点を当ててきたところにある。紙では表現で

きないデジタル問題の可能性である。デジタル問題の開発は、ICTの発達とともに、今世紀初頭くらいから盛んに行われるようになってきた。動画の利用はもちろんのこと、Macromedia Flash（後のAdobe Flash、2020年12月末終了）により、動的なWebサイトを作成することへの敷居が下がり、多用されてきた。Flashが廃止となっても、JavaScriptによってそれらは実現可能であり、近年は、H5P（HTML5Package）により、Webのプラットフォームで、HTML5のコンテンツや動的アプリケーションの利用が容易になってきている。

　筆者は、2005年9月に米国の非営利団体である教育試験サービス（Educational Testing Service; ETS）の試験開発部門を訪問した。その際に、その当時開発されていたデジタル問題の開発状況を見せてもらった。その事例をいくつか紹介すると、以下のとおりである。

- 英語を母語としない受験者対象の英語のテストでは、動画を含む問題やスピーキングの問題（その場での発話が録音されて音声ファイルが解答となる）
- レベルが高くない算数の問題では、ゲーム感覚の動的アニメーションによる問題
- 学力調査の地理では、バーチャル地球儀を使った問題

　その時に、全米学力調査（National Assessment of Educational Progress; NAEP）の問題開発チームの開発者から、地図はこれまで地図帳による学習が中心であったが、これからの時代は、Google Earthのようなバーチャル地球儀で地球をみて、そこから目標の地点の地図に行き、詳細な地図はカーナビゲーションのように進む方向が上になるようになるという説明を受けたことが印象に残っている。このようにデジタル化された社会により、教材や教育方法も変化していくであろう。

　ここで国際学力調査に目を向けてみよう。OECDの生徒の学習到達度調査（Programme for International Student Assessment; PISA）も、国際教育到達度評価学会（International Association for the Evaluation of Educational Achievement; IEA）の国際数学・理科教育動向調査（Trends in International Mathematics and Science Study; TIMSS）もすでにCBTによる調査が実施されている。先行しているPISAでは、PISA2006 フィールド・トライアルとしてPISA参加国の中の13カ国で科学分野のコンピュータベース評価（Computer-based Assessment of Science; CBAS）が実施された。また、3カ国（デンマーク、アイスランド、韓国）では本調査も実施された。PISA 2006 CBASの目的は以下のとおりである。

「PISA 2006の科学リテラシー分野の評価で、コンピュータ配信を導入した当初の目的は、紙筆によるテストでは出題が難しい、動画やシミュレーション、アニメーションなどの問題を出題することであった。また、読解の量を減らすことで、生徒の科学能力をより直接的に評価し、真の能力をより正確に反映させることができるようになった。」[1], p.17

　数学リテラシーが中心分野であったPISA 2012では、参加国のオプションではあるが、PBTの問題で構成された数学分野のコンピュータベース評価（Computer-based Assessment of Mathematics; CBAM）版も用意された。OECDの報告書には、PISA 2012にCBAMを含めたことに関して、以下の二つの側面が示されている[2], [3]。

　　第一に、コンピュータは今や職場や日常生活で非常によく使われており、21世紀の数学的リテラシーの能力レベルには、コンピュータの使用も含まれる[4]。第二に、コンピュータは、よりインタラクティブで本格的、かつ魅力的な試験問題を作成するための様々な機会を問題設計者に提供する[5]。

　ようやくPISA 2015で、全面的にCBTへと移行した。CBTは、革新的であり、魅力的な問題を提供可能にしたり、新たな評価の領域が生まれる可能性を秘めていたりすることが指摘されてきている。ところが、実際、CBTへ完全移行したPISA 2015において、経年比較のために、紙ベースの数学問題をコンピュータ化しただけで、デジタルプラットフォームが提供する可能性を活用できなかったという議論があった[6]。

　コンピュータによる評価に関する先行研究の多くは、PISAのような大規模評価において、PBTとCBTの結果の比較可能性を一つの尺度で議論するために、同じ問題構成で、紙筆ベースとコンピュータベースの評価結果を比較する研究が中心となってしまった。例えば、PBTとCBTの同等性を示す研究や、コンピュータ経験、コンピュータへの不安、コンピュータへの態度などの個人差が及ぼす潜在的な影響を明らかにする研究、得点の比較可能性を評価する研究等がそれに該当する。これらの研究の多くは、PBTとCBTの両方で測定される構成要素は、容易には比較できないと結論づけている。また、PBTの問題をCBTによりコンピュータの画面上で提供するだけでは、一般的に実施方式の影響は小さかったと結論付けている。

　国際教育到達度評価学会（IEA）の国際数学・理科教育動向調査（TIMSS）でも、2019年にコンピュータ版 eTIMSS を導入し、コンピュータベースの評価への移行を開始した。

2019年の参加国の半数は新しいeTIMSS版の実施を選択し、残りの半数は紙ベースの
バージョンを継続して実施した。わが国は、紙ベースを選択したことからも、国際的な遅
れは明らかである。

　全米学力調査（NAEP）では、2001年以降、前述のように筆者がETSで見せてもらっ
た、教育におけるテクノロジーの利用拡大を反映した新しいテスト方法や問題のタイプ
を模索しており、NAEPは2016年に数学とリーディングにおいて、キーボード、スタイ
ラスペン、イヤホンが付属したタブレット端末で試行実施した。音声や動画などのマル
チメディアが含まれている問題や、デジタルツール（画面上の電卓等）を使って解答する
問題などが出題された。翌年の2017年には、数学とリーディングにおいて、紙ベースの
評価（Paper-based Assessments; PBA）からデジタルベースの評価（Digitally Based
Assessments; DBA）へと正式に移行した（ただし、比較のために、一部の生徒が従来の
PBTで参加している）。NAEPは、近い将来、CBTに完全移行する方針である。米国に
限らず、多くの国での全国規模調査では、すでにPBTからCBTに移行が済んでいる、あ
るいは移行途中か移行の検討を進めている段階で、CBTによる学力調査が国際標準にな
りつつある。

2.2 国内の動向

　国内においては、教育再生実行会議「高等学校教育と大学教育との接続・大学入学者
選抜の在り方について」（第四次提言）（平成25年10月31日）の中で、当時、達成度テ
スト（発展レベル）（仮称）について、「将来的には、試験問題データを集積し、CBT方
式で実施することや、…（中略）…も検討する。」と明記された[7]。ここでのCBTは、
「"Computer Based Testing"の略称。コンピューターを利用した試験方式。数千〜数万
題の問題の中から、難易度が同じとなるよう問題を組み合わせて出題することにより、複
数回受験しても安定した成績を示すことが可能となる（例 TOEFL、医学部共用試験）。」
という注が付され、コンピュータ適応型テスト（CAT）を想定していたようである。その
後、高大接続システム改革会議[8]を経て、独立行政法人大学入試センター大学入学共通
テスト企画委員会 CBT活用検討部会で検討が進められたが、実施する際の様々な課題を
踏まえ、引き続き検討、あるいは調査研究に取り組んでいくことが重要との結論であった
[9]。さらに、教育再生実行会議「技術の進展に応じた教育の革新、新時代に対応した高
等学校改革について」（第十一次提言）（令和元年5月17日）の中で、「国は、大学入学共

通テストにおける「情報Ⅰ」の取扱いについて、出題科目への追加を CBT による実施も含め検討する。」と明記され[10]、独立行政法人大学入試センターに設置された入学者選抜におけるCBT活用に関するワーキングチームで議論を行った。さらに文部科学省の大学改革推進等補助金により調査研究を実施した[11]結果、令和7年度大学入学共通テストは、CBTは見送りで、PBTで実施するという方針となった。わが国の大学入学者選抜として利用する大規模共通テストとしては、CBTの導入は時期尚早という結論である。

また、同第十一次提言において、「国は、最終的に児童生徒一人一人がそれぞれ端末を持ち、ICTを十分活用することができる環境整備を実現することに向け、BYODやクラウドの活用、低価格パソコンの導入、ネットワーク・5Gの活用も視野に入れた目標の設定とロードマップ作成を行う。」ことと、「国は、学校における ICT 環境の整備状況を踏まえつつ、経年変化分析の充実や CBT の導入を含めた全国学力・学習状況調査の改善を検討する。」ことが明記された[10]。前者は、その後すぐに、『安心と成長の未来を拓く総合経済対策』（令和元年12月5日閣議決定）において、GIGA（Global and Innovation Gateway for All）スクール構想の実現が明示され[12]、着々と実行に移されたことは既知であろう。後者は、文部科学省に設置された全国的な学力調査に関する専門家会議、全国的な学力調査のCBT化検討ワーキンググループで議論がなされ、最終まとめ（令和3年7月16日）において、「令和3年度以降、試行・検証により課題の抽出とその解決を繰り返し、段階的に規模・内容を拡充させながらCBT化の実現に着実につなげること。」「全国学力・学習状況調査について、令和6年度から順次CBTを導入すること。」などが示された[13], [14]。

また、文部科学省では、GIGAスクール構想により、児童生徒1人1台端末環境が整備されたことを踏まえ、児童生徒が学校や家庭において、国や地方自治体等の公的機関等が作成した問題を活用し、オンライン上で学習やアセスメントができる公的CBTプラットフォームである「文部科学省CBTシステム（MEXCBT：メクビット）」の開発・展開が進められている。

2.3 デジタル問題に関するグローバル動向からの示唆

ICTを活用した教育方法の変化に伴い、それを反映させた評価方法も変えていく必要がある。特に、教育におけるデジタル化は、コンピュータを利用した授業方法や個に応じた学習方法の肯定的な変化のみならず、評価や管理の面でも多くの利点をもたらすと考え

られている。また、評価すると同時に学習支援もするという二つの目標を持つ評価につながる可能性がある[1]ともいわれている。例えば、最初に出題された問題が不正解であった生徒に対して、「手がかり」を提供することも可能である。

　では、デジタル問題そのものが、紙での表現よりもどういった面で有用であるかについて考えてみたい。前述の国際動向では、問題がデジタル配信になることにより、音声、動画、アニメーションといったマルチメディアを用いた問題が出題可能、シミュレーション問題やインタラクティブな問題が出題可能、様々なデジタルツールを組み込めるといった新しい問題への可能性についての指摘が見られる。国際調査では、経年比較が調査目的に含まれることから、紙筆によるアナログからコンピュータによるデジタルへの移行期では、紙筆での問題をそのまま移行したものも含まれる。デジタル問題は、問題そのものがすべてデジタルに特化した問題である必要がなく、問題のタイプ（第6章参照）による新しい出題の可能性も大いにある。我々は、デジタル問題に特化した問題の開発に取り組んだが、高等学校の学習指導要領の範囲内という以外には、特定の枠組みにとらわれず、自由な発想で開発することを行ってきた。開発問題がある程度の問題数になってきた段階で、評価におけるデジタル問題の有用性について整理を行った。前出のPISAにおけるCBASの報告書では、以下のような記述がある。

　「コンピュータベース評価は、リアルタイムで観察することが難しい科学の現象をスローモーションやスピードアップなどで再現、肉眼では見えない科学現象のモデル化（気体の分子の動きなど）、限られた試験時間内で繰り返し試行する機会を生徒に提供、本来なら危険であったり厄介であったりする実験を仮想実験室で安全に実施するために特に有用である。」[1], p.13

　これを基に、第3章では、我々が開発した問題を、以下の四つに大別して紹介する。

- 現象や変化の観察
- 実時間や肉眼で見ることが難しい現象や変化
- モデル化
- 試行の繰り返し

参考文献

[1] OECD (2010). *PISA Computer-based Assessment of Student Skills in Science*. OECD Publishing.（accessed 2023-9-30）.

[2] OECD (2013). *PISA 2012 Assessment and Analytical Framework: Mathematics, Reading, Science, Problem Solving and Financial Literacy*. OECD Publishing.（accessed 2023-9-30）.

[3] OECD (2014). *PISA 2012 Results: What Students Know and Can Do*（*Volume I, Revised edition, February 2014*）. OECD Publishing.（accessed 2023-9-30）.

[4] Hoyles, C., Wolf, A., Molyneux-Hodgson, S., & Kent, P. (2002). *Mathematical Skills in the Workplace: Final Report to the Science, Technology and Mathematics Council*. Institute of Education, University of London; Science, Technology and Mathematics Council.（accessed 2023-9-30）.

[5] Stacey, K., & Wiliam, D. (2012). Technology and Assessment in Mathematics. In Clements M. A., Bishop A. J., Keitel C., Kilpatrick J., & Leung F. K. S. (Eds.), *Third International Handbook of Mathematics Education* (1st ed., pp.721-752). Springer-Verlag New York.（accessed 2023-9-30）.

[6] Nortvedt, G. A., & Buchholtz, N. (2018). Assessment in mathematics education: responding to issues regarding methodology, policy, and equity. *ZDM Mathematics Education, 50*（3）, 555–570.（accessed 2023-9-30）.

[7] 教育再生実行会議 (2013).「高等学校教育と大学教育との接続・大学入学者選抜の在り方について」（第四次提言）（平成25年10月31日）.（閲覧日：2023年9月30日）.

[8] 高大接続システム改革会議 (2016). 高大接続システム改革会議「最終報告」（平成28年3月31日）.（閲覧日：2023年9月30日）.

[9] 独立行政法人 大学入試センター (2021).「大規模入学者選抜におけるCBT活用の可能性について（報告）」（令和3年3月）.（閲覧日：2023年9月30日）.

[10] 教育再生実行会議 (2019).「技術の進展に応じた教育の革新、新時代に対応した高等学校改革について（第十一次提言）」（令和元年5月17日）.（閲覧日：2023年9月30日）.

[11] 独立行政法人 大学入試センター (2022).「CBTでの「情報Ⅰ」の出題に関する調査研究について（報告）」（令和4年6月14日）.（閲覧日：2023年9月30日）.

[12] 内閣府 (2019).「安心と成長の未来を拓く総合経済対策」（令和元年12月5日閣議決定）.（閲覧日：2023年9月30日）.

[13] 全国的な学力調査に関する専門家会議 全国的な学力調査のCBT化検討ワーキンググループ (2021).「全国的な学力調査のCBT化検討ワーキンググループ 最終まとめ【概要】」（令和3年7月16日）.（閲覧日：2023年9月30日）.

[14] 全国的な学力調査に関する専門家会議 全国的な学力調査のCBT化検討ワーキンググループ (2021).「全国的な学力調査のCBT化検討ワーキンググループ 最終まとめ」（令和3年7月16日）.（閲覧日：2023年9月30日）.

第Ⅱ部

第3章

CBTのためのデジタル問題事例

構成要素

問題作成スキル

- この問題を作成するのに必要な技術的スキルがアイコンで示されている。

画像(写真)	動画	アニメーション
動的幾何ソフト	プログラミング	物理実験
化学実験		

問題の特徴

- CBTならではの問題の特徴が示されている。

問題

- 問題が提示されている。
- 問題に含まれる動画や一部のデジタルコンテンツは、画像上の二次元コードからアクセスできる。ただし、インターネットに接続が必要である。

(見本)

動画の主なフレーム

- 使用されている動画の主なフレームが示されている。

問題の情報

- 科目
- 学習指導要領の内容 (平成30年告示)
- 難易度　★(基本)　★★(標準)　★★★(発展)
- 解答時間の目安
- (数学) アプリ※) の役割
  - 数学化 ：現実世界の問題を数学の問題として翻訳したりする「数学化」
  - 方略 ：解決するための構想を立てる「方略」
  - 処理 ：数学的に考察・処理する「数学的処理」
  - 意味 ：数学的に得られた結果を事象に照らして解釈する「意味付け」
- (理科) 評価の観点 [主となる観点は二重線囲み枠]
  - 知識 ：知識・技能の活用
  - 気付 ：自然現象に対する気付き
  - 課題 ：課題の設定
  - 仮説 ：仮説の設定
  - 計画 ：検証計画の立案
  - 実験 ：観察・実験の実施
  - 結果 ：結果の処理
  - 考察 ：考察・推論
  - 表現 ：表現・伝達
  - 態度 ：科学的に探究する態度

作題の趣旨

解答・解説

考察、情報 (実験、動画、ソフトウェア等)

まとめ

[注] ※) 第3章では、問題に組み込んだ動的コンテンツ (動画を除く) にあたるWebアプリケーション教材を「アプリ」とよぶ。

第3章　**3.1**　現象や変化の観察

❶ 定数の変化とグラフの挙動

　定数 a を含む関数 $y = g(x)$ について、定数aの変化に応じたグラフの挙動を観察し、関数の変化の特徴を見いだし、区間における最大値や、最大値の最小値を求める問題。$g(x)$ がどのような式であるかがわからない状態で、観察されるグラフの挙動から、場合分けの必要性を認識し、区間における最大値等を求めことができるかを問う。

問題

　定数 a を含む関数 $y = g(x)$ がある。下の図は、この関数のグラフで、V字型の直線の折れ線で表されている。

　また、下の図で、スライダーを左右に動かすと定数 a の値が変化し、関数 $y = g(x)$ のグラフが平行に移動する。以下の (1)、(2) に答えなさい。

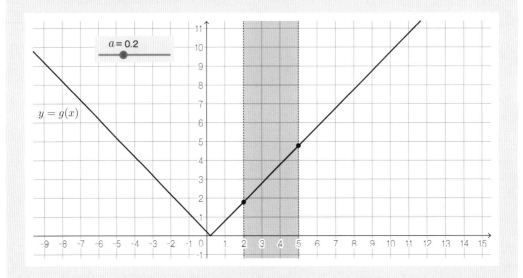

(1) $a = 2$ のとき、$2 \leqq x \leqq 5$ における関数 $y = g(x)$ の最大値を求めなさい。

(2) $2 \leqq x \leqq 5$ における関数 $y = g(x)$ の最大値の最小値を求めなさい。

科目	学習指導要領の内容	難易度	解答時間	アプリの役割
数学Ⅰ	(3) 二次関数	★	10分	方略

作題の趣旨

　定数 a を含む2次関数、例えば $y = x^2 - 2ax + a^2 + 1$ のある区間における最大・最小を考えることが困難な生徒は、特に、『数学Ⅰ』を学習している時期には少なくない。グラフに対する定数の「働き」が十分つかめない段階では、なぜ場合分けをして考えるのかが理解できず、解法だけを覚える生徒も散見される。そのような生徒は、関数式における定数と変数の違いについての理解も不十分である。

　グラフが動的に観察できる環境下においては、定数 a の変化に対するグラフの挙動は容易に観察できる。むしろ、そこから、場合分けをする必要があることを認識し、どのように場合分けをすればよいかを見いだすことが重要になる。このような力を評価するための問題を作成した。

　なお、この問題は、関数 $y = |x - a|$ のグラフに関する理解を評価するための問題でないことに留意したい。したがって、関数 $y = |x - a|$ のグラフを学習してあることを前提としていない。むしろ、それを学習する以前に扱うことを推奨する。

解答・解説

　表示されているのは、関数 $y = |x - a|$ のグラフである。このことがわからなくても、スライダーを動かすことで、点A（a、0）を頂点とするV字型のグラフが平行移動していること、$x \leqq a$ では傾きが -1、$x > a$ では傾きが1であることが見いだせる。

　さらに、$a < 3.5$ のときは、$x = 5$ のときに最大値をとり、$a > 3.5$ のときは $a = 2$ のときに最大値をとることも見通せる。

(1) $a = 2$ のとき、$2 \leqq x \leqq 5$ における関数 $y = x - 2$ の最大値を求めればよい。

(2) $a = 3.5$ のとき、$x = 2$、$x = 5$ に対する y の値は等しく、この場合に最大値が最小になる。すなわち、最大値の最小値は $g(2) = g(5) = 5 - 3.5 = 1.5$ となる。

　【正答】(1) $x = 5$ のとき、最大値3　(2) $a = 3.5$ のとき、最大値1.5

　図**3.1.1**は、定数 a の値を変化させたときのグラフの様子である。a の値が、区間 $2 \leqq x \leqq 5$ の中央、すなわち、$a = 3.5$ の場合を境にして、$x = 2$ で最大になるか、$x = 5$ で最大になるかが変わることを見いだすことが期待される。

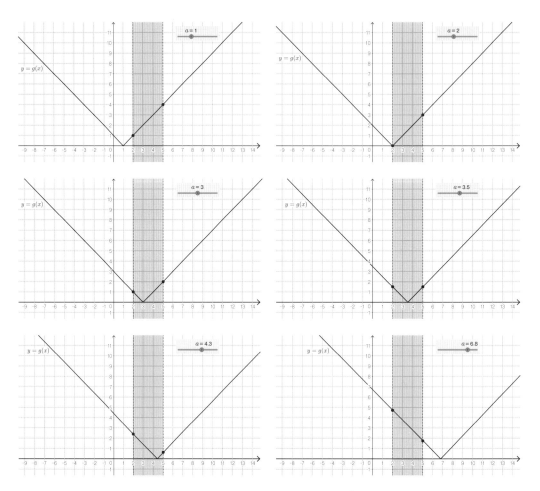

図3.1.1　定数 a の値を変化させたときのグラフの様子

　さらに、次のような問いについて、発展的に考察をさせることも考えられる。

(1) 関数 $y = g(x) + a$ を考える。$2 \leqq x \leqq 5$ において、$g(x) + a = 0$ が実数解をもつ条件を答えなさい。

(2) 関数 $y = g(x) + b$ を考える。$2 \leqq x \leqq 5$ において、$g(x) + b = 0$ が2つの実数解をもつ条件を答えなさい。

　『数学Ⅰ』の2次関数の学習では、ともすると、まず平方完成をして頂点の座標を求めグラフをかくことができるようにし、それをもとに後の学習が展開されがちである。そのため、平方完成やグラフをかくことが習熟できない生徒は、その後の学習の理解が困難にならざるをえない。習熟に時間を割けば割くほど、生徒も教師も、平行移動や定数の「働き」といった関数全体に関わる見方・考え方に眼を向けなくなってしまう。その結果、『数学Ⅱ』の三角関数や、指数・対数関数、さらには微分の考えの学習においても、関数のグラフに対する共通する見方・考え方を働かすことができず、見方・考え方としては共通であるにも関わらず、あたかも個別の「新しい問題」であるかのように受け止めたり、そう指導をせざるを得なくなったりするということに陥りがちである。

　本問題では、アプリを利用することで、身に付けさせたい本質的な見方や考え方についての生徒の様相を直接的に評価することができる。この問題を形成的評価として利用し、授業を計画することも有効である。

—— COLUMN ——

　学習指導要領では、『数学Ⅰ』「(3)二次関数」のイ、すなわち、思考力、判断力、表現力等として、「(ア)二次関数の式とグラフとの関係について、コンピュータなどの情報機器を用いてグラフをかくなどして多面的に考察すること。」を身に付けられるように指導することとされている。

　令和4(2022)年度 大学入学共通テスト数学Ⅰ・数学A　第2問で出題された、2次関数 $y = x^2 - 6x + q$ と $y = x^2 + qx - 6$ の2つのグラフについて q の値を変化させたときの様子を問う問題は、この資質・能力を問うていると言えよう。

　また、この問題全体からは、授業でコンピュータを用いて $y = x^2 + px + q$ と $y = x^2 + qx + p$ の p、q の値を変化させたときの挙動を観察させ、様々な問いを見いだし、それについて数学的に探究する活動を通して資質・能力を育む必要性を垣間見ることができる。

第3章　3.1　現象や変化の観察

2 三角形の敷き詰め

問題の特徴

　問題文の中に埋め込まれているアプリを使っていわゆるフラクタルを思わせる図形を変化させることで、問題文だけからでは明らかでない現象を自ら発見し、それを根拠に数学的な考察を行うように促している。問題文を読むだけでは立式が難しいが、自ら現象を発見した喜びが問題解決しようとする意欲を喚起するだろう。

問題

　下の図のように、順に同じ倍率 λ で縮小して得られる無限個の正三角形を並べた図形を考える。図の下のスライダーを指で左右に動かすと、倍率 λ（$0 < \lambda < 1$）の値を変えることができる。以下の問いに答えなさい。（ただし、図は正三角形が15個のもの。）

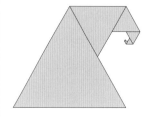

$\lambda = 0.5$

(1) 正三角形どうしが重なることなく、一つの凸多角形を敷き詰めることができたとすると、その凸多角形は何角形になるか。次の①〜⑤のうちから一つ選びなさい。

　　① 三角形　② 四角形　③ 五角形　④ 六角形　⑤ ①〜④のいずれでもない

(2) (1) の状態が実現できる倍率 λ が満たす等式はどれか。次の①〜⑤のうちから一つ選びなさい。

　　① $\lambda : \lambda^5 = 2 : 1$　② $\lambda : \lambda^5 = 3 : 1$　③ $\lambda^2 + \lambda + 1 = 0$
　　④ $\lambda^2 - \lambda + 1 = 0$　⑤ $\lambda^3 + \lambda^2 - 1 = 0$

科目	学習指導要領の内容	難易度	解答時間	アプリの役割
数学 I	(2) 図形と計量	★★	10分	数学化

作題の趣旨

　名刺は、縦と横の長さの比が黄金比になっており、渦巻状に並んだ正方形の縮小列で敷き詰められることは有名である。それを模して、正方形を正三角形に置き換えるとどうなるかと考えた。しかし、正三角形の縮小列を作図するのが難しいので、アプリを使って実験することを思い立った。その結果、縮小率を調整すると、隙間や重なりがなくなって五角形になることがわかった。この現象の発見をもとに、このような作題をした。

解答・解説

　問題文を見ただけでは (1) の正解が何なのかを予想するのは難しいが、実際にアプリのスライダーを動かして λ の値を変化させることで、次ページの**図3.2.1**にあるように正三角形の並びが巻貝のような形になり、λ の値が 0.75 と 0.76 の間にあるときに、渦巻の隙間がなくなり、下の線がまっすぐに揃って、全体として五角形になることがわかる。(2) では、この状態で λ が満たす条件を立式すればよい。

　左端に置かれた一番大きい正三角形を基準に考えると、それを λ 倍したものと λ 倍を 5 回繰り返して得られる小さな正三角形が、基準の正三角形の右の斜めの辺と重なっている。これから $\lambda + \lambda^5 = 1$ という式が得られるが、解答の選択肢にはない。そこで、基準の正三角形から λ 倍を 2 回行って得られる正三角形と 3 回行って得られる正三角形に注目すると、その高さの和が基準の正三角形の高さと一致していることがわかる。これから $\lambda^2 + \lambda^3 = 1$ を得る。これは⑤と同値な式になっている。

　【正答】(1) ③ **五角形**　(2) ⑤ $\lambda^3 + \lambda^2 - 1 = 0$

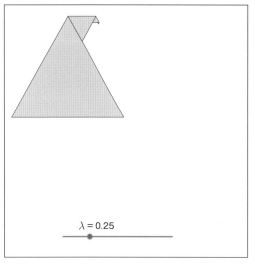
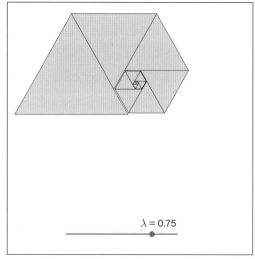

$\lambda = 0.25$

$\lambda = 0.75$

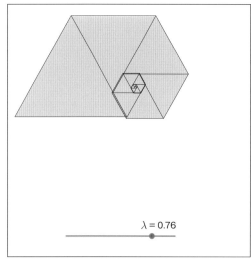
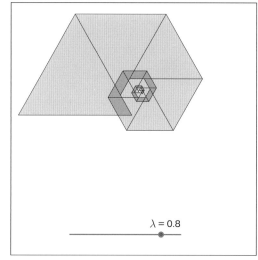

$\lambda = 0.76$

$\lambda = 0.8$

図3.2.1　λ を変化させたときの図形の様子

考察

　アプリ下部にあるスライダーを左から右へと動かしていくと、λ の値が0から1の範囲で変化させられる。初期状態では $\lambda = 0.5$ となっており、正三角形の縮小列が鉤爪のような形になっている。スライダーを左端に動かすと、λ の値は小さくなり、鉤爪に見える部分も小さくなっていく。問題文の中では $0 < \lambda < 1$ とされているが、$\lambda = 0$ としてしまうと、基準となっている大きな正三角形だけになってしまう。

　逆にスライダーを右に進めていくと、鉤爪が成長して羊の角のような渦巻になる。さらに λ の値を大きくしていくと、渦の隙間が狭まっていき、ある瞬間に隙間がなくなって、ゆがんだ五角形になる。それ以後は、渦巻に重なりが生じる。スライダーを右端にしてし

まうと、全体として正六角形になり、重なり部分も全体になってしまう。

この問題のアプリのように、数値を変化させるスライダーが用意されていると、そのスライダーを慎重に動かさず、極端な状態にしてしまう生徒も少なくない。この問題の場合、λ の値を一気に 0 や 1 にしてしまうと、三角形の縮小列の隙間がぴったりと埋まり、巻貝のような形になった瞬間を見逃してしまいかねない。実際、高校生を対象に行った調査では、(1) の問いに対して「④六角形」を選択した者もいた。

おそらく巻貝のように見える五角形になった瞬間を目撃した者は少なからず驚きや感動を覚えたことだろう。限られた時間内で解答を迫られるような状況では難しいことだが、おもしろい現象を自ら発見した感動を出発点として、探究活動に発展させられるとすばらしい。

笑い話のような話だが、かつて高校生にこの問題にチャレンジしてもらい、こちらが用意した解答用紙に答えを記入してもらったことがあった。上述のように $\lambda + \lambda^5 = 1$ という関係式を求めたものの、それが問いの選択肢として書かれていないからといって、自分で選択肢を作って解答した生徒がいた。

まとめ

一般的な数学の問題では、問題文を読んで意味を理解すれば解答できるが、この問題ではアプリによる実験を行わないと、解答は困難である。現状では高校生がこのようなタイプの問題を経験する機会は少ないが、自分自身で発見した現象を根拠に考察を進めていくという活動は、問題解決にアプリを利用することのよさを感得させ、探究活動へとつながる可能性を秘めている。

--- COLUMN ---

この問題では、正三角形の縮小列が五角形を作るという現象を見たが、その五角形の上辺と右下端の角に正三角形を補うと、全体で大きな正三角形になる。つまり、その大きな正三角形が大きさの異なる無数の正三角形に分割されているとみなすことができる。このように、正三角形をいろいろな条件のもとでたくさんの正三角形に分割するという問題は昔から研究されていた。たとえば、"triangled equilateral triangle" をキーワードにウェブを検索すると、そうした研究の歴史を知ることができる。

第3章　**3.1**　現象や変化の観察

③ コンデンサーの充電・放電

問題の特徴

　コンデンサーの充電・放電時における極板間電圧と電流の変化を推察できるかを問う。解答選択肢として与えられた動画から定性的な変化を読み取ることがポイントとなる。

問題

　手回し発電機は、ハンドルを回すことで発電することができる装置である。次の図のように、手回し発電機にプロペラ付きモーターをつなぎ、ハンドルをまわすと、電流が流れプロペラが回る（**回路1**）。また、プロペラ付きモーターの代わりにコンデンサーを接続し、ハンドルを回すとコンデンサーは充電される（**回路2**）。コンデンサーに関する後の問い（(1)～(4)）に答えなさい。ただし、手回し発電機のハンドルを回す速さはほぼ一定とする。

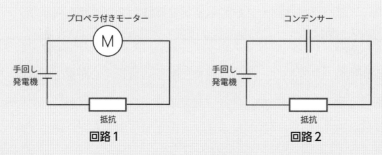

(1) **回路2**について、コンデンサーが蓄えた電気量と時間の関係を表すグラフの概形として最も適当なものを、次の①～④のうちから一つ選びなさい。

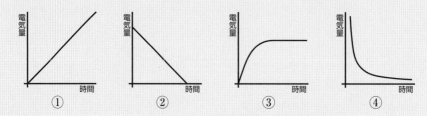

(2) **回路2**について、コンデンサーにかかる電圧の変化を調べるため、**回路3**のように電圧計を接続し、手回し発電機で充電し始めてから十分時間が経過するまでの電圧計の様子を撮影した。実際の電圧計の針の動きを撮影したものはどれか、次の**動画1**の①～④のうちから一つ選びなさい。

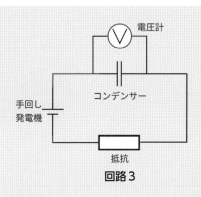

電圧計

コンデンサー

手回し
発電機

抵抗

回路3

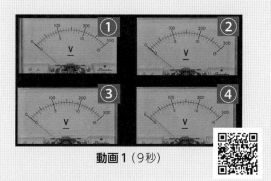

動画1（9秒）

(3) **回路2**において、はじめの抵抗よりも大きい値の抵抗に交換した場合、手回し発電機を回す力の大きさと充電が完了するまでの時間は、はじめと比べてどうなるか。次の文章中の ┃ ア ┃ 、┃ イ ┃ に入れる語句として最も適当なものを、それぞれ①〜③のうちから一つずつ選びなさい。

・手回し発電機を回す力の大きさは、┃ ア ┃。
  ① 大きくなる　② 小さくなる　③ 変わらない

・充電が完了するまでの時間は、┃ イ ┃。
  ① 長くなる　　② 短くなる　　③ 変わらない

(4) **回路4**のように、充電されたコンデンサーにプロペラ付きモーターをつなぐと、電流が流れ、プロペラ付きモーターに取り付けられたプロペラが回った。**回路4**について、プロペラ付きモーターを流れる電流の変化を調べるため、**回路5**のように電流計を接続し、スイッチを入れたあとの電流計を撮影した。実際の電流計の針の動きを撮影したものはどれか、次の**動画2**の①〜④のうちから一つ選びなさい。

プロペラ付きモーター

M

コンデンサー

回路4

プロペラ付きモーター　　　電流計

M　　　A

コンデンサー

回路5

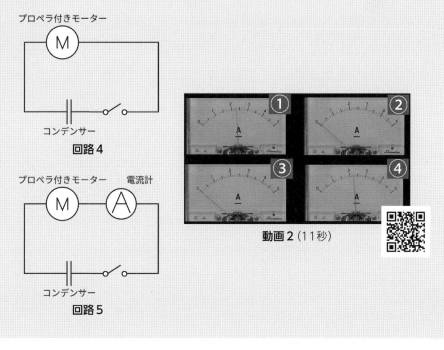

動画2（11秒）

科目	学習指導要領の内容	難易度	解答時間	評価の観点
物理	(3)(ア)電気と電流	★	10分	知識　実験　考察

作題の趣旨

　コンデンサーの充電、放電に関する実験は、一般に定圧電源を使って行われる。そのため、極板間電圧、回路を流れる電流のふるまいについては理想に近い変化をするものとして理解される。定圧電源の代わりに、小学校でよく実験に用いられる手回し発電機を使ったらどうだろうか。手回し発電機は、ハンドルを回す速さを一定にしたつもりでも、なかなか安定せず起電力を一定にすることは難しい。そこで、手回し発電機を電源として用いて、コンデンサーの充電、放電の回路をつくり、不安定な動作を示す電圧計、電流計の針の動きから定性的な傾向を読み取ることができるかを問うことを考えた。

解答・解説

(1) 手回し発電機のハンドルを回す速さはほぼ一定であることから、発生する起電力もほぼ一定であると考える。コンデンサーに蓄えられる電気量は時間とともに増加するが、蓄える電気量が増えるにつれ、回路に流れる電流は時間とともに小さくなる。したがって、蓄えられる電気量の時間変化は小さくなる。

(2) 前問の解説のとおり、コンデンサーの極板間電圧は、充電している電気量に比例して増加し、十分時間経過すると手回し発電機の起電力と等しくなる。この実験では、手回し発電機で発生する起電力はほぼ一定であるものの、安定していない。したがって、電圧計の針は複雑に変化するが、時間と共に電圧が増加していく。

　※各動画の電圧の定性的なふるまいは次のとおりである。

　　①高電圧で一定　②徐々に上昇　③低電圧で一定　④徐々に下降

(3) 一定の起電力を発生させるためには、回路に流れる電流が大きいほど、手回し発電機を回すために大きな力が必要になる。はじめの抵抗よりも大きい値の抵抗に交換した場合、流れる電流は小さくなるので、回す力は小さくなる。また、流れる電流が小さいため、コンデンサーに蓄えられる電気量の時間変化は小さくなり、充電が完了するまでの時間は長くなる。

(4) 回路に電流が流れ始めると、コンデンサーに蓄えられていた電気量が減少し、極板間電圧が時間とともに低下していく。したがって、回路に流れる電流も時間とともに減少する。しかし、この実験では回路内の抵抗としてプロペラ付きモーターを使っているため、電流計の針は複雑に変化しながら、電流は徐々に減少していく。

※各動画の電流の定性的なふるまいは次のとおりである。

①正の値でほぼ一定　②徐々に増加　③０でほぼ一定　④徐々に減少

【正答】(1) ③　(2) ②　(3) ア.②小さくなる　イ.①長くなる　(4) ④

[参考] 回路1、2の動画(17秒)

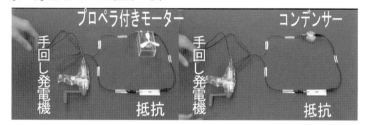

実験動画の情報

　測定装置として、当初デジタルマルチメーターを用いたが、測定値の増加・減少などの変化の様子は針の振れで表示する方がわかりやすいと判断し、アナログの電圧計、電流計を用いることとした。また、選択肢を4つの動画にすると、一つ一つの動画を再生し、確認していくことになるため、それらの動画を比較しにくいが、複数の動画を1つの画面で同時再生できる手法をとると、比較しやすくなる。そこで本問題では、(2)、(4)でこの手法を取り入れた。

まとめ

　本問題では解答選択肢を、電流計、電圧計の変化を示す動画とし、電流計、電圧計の変化の特徴と、コンデンサーの充電・放電といった物理現象との関連性を理解しているかどうかを問うことをねらいとした。これにより、提示された動画から適切なものを見つける観察力と知識の総合力を試すことができ、「観察、実験などを行い、科学的に探究する力」の基礎につながると期待される。

　また、本問題の類似問題として、回路内にコンデンサーを2個用意し、直列、あるいは並列に接続した場合の実験を扱う場合の問題などが考えられる。

第3章 3.1 現象や変化の観察

④ 動く板上での物体の運動

問題の特徴

　PBTでは物体の運動は文章や図で表現されているが、本問題ではそれを動画で提供した。生徒は、物体の運動の動画をスクラブ再生（動画の任意の場所をドラッグしたとおりに再生）することにより、自ら実験の操作をしている環境を生み出し、疑似的に実験を行うことができる。そういった動画の再生、一時停止を繰り返しながら、正確に物理現象を把握する視点が養われているかを問う。

問題

　次の図のように、水平な面に質量 M の板を置き、その板の上に質量 m の物体を置く。動画をもとに次の問いに答えなさい。ただし、板と水平な面の間には摩擦は無視できるものとする。

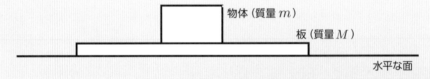

　動画１は、物体に水平右向きの力を加え続けて引っ張ったときの板と物体の運動の様子である。動画を見た後、**動画１**の板や物体に関する問い（(1)・(2)）に答えなさい。

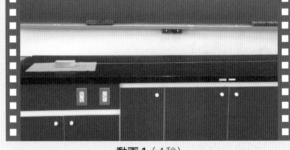

動画１（4秒）

(1) 板に働いている摩擦力について、最も適当なものを、次の①〜③のうちから一つ選びなさい。

　① 右向きの摩擦力が働いている
　② 左向きの摩擦力が働いている
　③ 摩擦力は働いていない

(2) 物体に加え続けた水平方向の力が一定の大きさ f_1 であるとすると、物体の加速度の大きさはいくらか。最も適当なものを、次の①～⑥のうちから一つ選びなさい。ただし、物体と板の間に働く摩擦力の大きさを f とする。

① $\dfrac{f_1}{m}$ ② $\dfrac{f_1}{M}$ ③ $\dfrac{f_1}{M+m}$ ④ $\dfrac{f_1}{M-m}$ ⑤ $\dfrac{f_1-f}{M+m}$ ⑥ $\dfrac{f_1-f}{M-m}$

動画1の主なフレーム

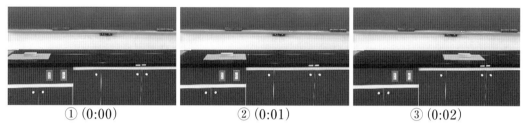

① (0:00)　　② (0:01)　　③ (0:02)

図3.4.1　動画1の主なフレーム

　次に、板と物体をはじめの状態に戻した後、板に水平右向きの力を加え続けて引っ張る。**動画2**は、このときの板と物体の運動の様子である。動画を見た後、**動画2**の物体や板に関する問い（(3)・(4)）に答えなさい。

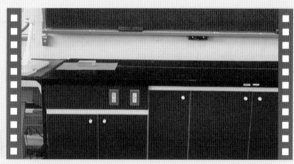

動画2（4秒）※1秒を1/4倍速で再生した動画

(3) 物体に働いている摩擦力について、最も適当なものを、次の①～③のうちから一つ選びなさい。

　　① 右向きの摩擦力が働いている
　　② 左向きの摩擦力が働いている
　　③ 摩擦力は働いていない

(4) 板に加え続けた水平方向の力の大きさが一定であるとして、そのときの物体の加速度を α、板の加速度を β とする。α、β およびそれらの絶対値について、大きさの関係を正しく表すように、次の式の空欄 ア 、 イ 、 ウ に入る不等号として最も適当なものを、それぞれ、選択肢 ｛① ＜、② ＞｝のうちから一つずつ選びなさい。ただし、加速度の向きは水平右向きを正にとる。

$$\alpha \boxed{\text{ア}} 0, \qquad \beta \boxed{\text{イ}} 0, \qquad |\alpha| \boxed{\text{ウ}} |\beta|$$

動画2の主なフレーム

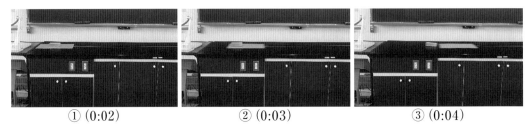

① (0:02)　　　　② (0:03)　　　　③ (0:04)

図3.4.2　動画2の主なフレーム

最後に、実験で用いた物体と板の間の静止摩擦係数を求める実験を行った。

動画3 (11秒)

(5) **動画3**をもとに物体と板の間の静止摩擦係数を求めなさい。ただし、解答は有効数字2桁で答えること。また必要があれば、下の三角関数表を用いてもよい。

角 θ	正弦 $\sin\theta$	余弦 $\cos\theta$	正接 $\tan\theta$
0°	0.0000	1.0000	0.0000

$\theta = 0°$

① (0:07)　　　　　② (0:09)　　　　　③ (0:09)

図3.4.3　動画3の主なフレーム

科目	学習指導要領の内容	難易度	解答時間	評価の観点
物理基礎	（1）（イ）様々な力とその働き	★★	10分	実験 結果 考察

　本問題は、「親亀子亀の問題」として知られていて、PBTの問題としてもよく取り上げられている。特に、2つの物体（親亀と子亀）が異なる運動をする場合には、誤って理解されやすい。板に対して物体がどう動いたかに注意が奪われ、観察の視点を板上に置き換えて考え、それにより接触面で働く力を誤って捉えてしまうからである。そこで、動画から運動の特徴（2つの物体の速度変化や運動の方向など）を捉え、静止系を視点とすることにより、一つ一つの物体に働く力の向きや大きさを考察することができるかどうかを問う問題とした。

(1) **動画1**をみると、はじめ静止状態にあった物体と板が、物体に力を加えた後、物体、板ともに速度を持って一体となり右向きに動く。このことから板には右向きの摩擦力が働いている。

(2) (1)で板に右向きの摩擦力 f が働いていることを踏まえて、板、物体の運動方程式を立てる。摩擦力 f を消去すると③の正答が得られる。

(3) **動画2**をみると、はじめ静止状態にあった板と物体が、板に力を加えた後、板、物体それぞれの動きに着目すると、板も物体も速度を持って、はじめの位置より右向きに動く。ゆえに、板、物体ともに右向きの力が働いている。

(4) (3)で静止状態から、板、物体ともに速度を持って右向きに動いたことから、板、物体には、それぞれ右向きの加速度が生じている。ただし、2つの動きが異なることから加速度の大きさは違う。運動をはじめてから同時刻までの板、物体の変位の違いから加速度の大きさの大小関係が分かる。

(5) 物体が滑り出す直前での水平面と板のなす角度をθとすると、θと静止摩擦係数μとの間には、

$$\mu = \tan\theta$$

の関係が成り立つ。**動画（図3.4.3②）**より角度を読み取ると、$\theta = 38°$（**図3.4.4**）が得られる。付属の三角関数表を用いて正接の値を答える。

【正答】 (1) ①　(2) ③　(3) ①　(4) ア② イ② ウ①　(5) 0.78

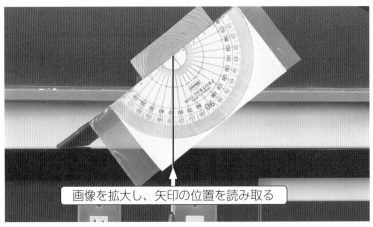

画像を拡大し、矢印の位置を読み取る

図3.4.4　動画3フレーム②の拡大図

実験動画の情報

　板上で物体を滑らせるには、板に大きな力を加えて引くとともに、物体に対して板の質量を小さくする必要がある。しかし、物体が軽いと板の上で滑っている物体が浮いてしまうため、本撮影では200 gの質量の木片を用いた。また板は、はじめベニヤ板などの木材を用いたが、物体が板上で滑りにくく、かつ、重さもあって大きな力で引きにくかったため、ボール紙の板を使用した。

まとめ

　教室の中で扱える現象は、机上の長さや教室の大きさなどの範囲に制約されて、現象そのものが短時間であるものが多い（本問題も数秒の現象である）。そこで、スクラブ再生

を用いて物体の運動をじっくり観察、考察することにより解答する問題とした。このことは学習指導要領に記載されている「観察、実験などを行い、科学的に探究する力を養う」ことにつながると期待される。

── COLUMN ──

摩擦を利用している1つの例に「ねじ」がある。ねじでみられる螺旋（つる巻き線とよばれる）は、三角形を円筒に丸めたときに1つの辺が曲線の形になったようなものである。**図3.4.5**の三角形をおねじ（ボルト）、斜面の物体をめねじ（ナット）に対応させてみると、レンチでナットに加えた力が、斜面の物体に加わる「締めるときの力」や「ゆるめるときの力」として、物体に対応するナットが上下に動く様子を説明できる。すると、写真のナットを締めることは、斜面に沿って物体を持ち上げることに対応させて考えることができる。ねじを締めたり、ゆるめたり、あるいは固定したときに摩擦がどのように働いているか、ナットが重力でゆるんで落ちてこないための摩擦力やつる巻き線の角度の関係などを考えると面白い発見につながるであろう。

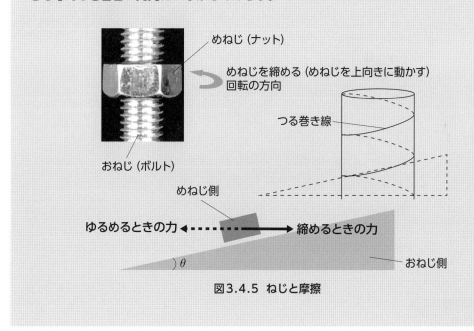

図3.4.5 ねじと摩擦

第**3**章　3.1　**現象や変化の観察**

5 蒸留装置の間違い探し

問題の特徴

蒸留装置のObjectVR*)をCBTに組み込むことで、自ら回転させたり、拡大・縮小したりすることができ、蒸留装置をより現実に近い状況で観察ができる。

*) ObjectVRの詳細は、5.4参照

問題

蒸留のために、下の実験装置を準備したが、これには誤りが4か所ある。誤りを全て指摘しなさい。

【注意事項】下部のツールバーのボタン操作により、画像の回転および拡大・縮小が可能である。さらに、画面がタッチパネル方式の端末の場合には、スライドにより回転、ピンチアウト・ピンチインにより拡大・縮小が可能である。

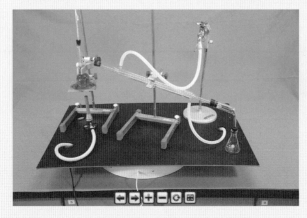

ObjectVR版

動画版

画像の回転例

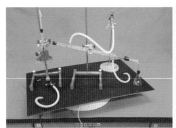

図3.5.1

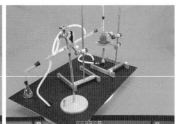

図3.5.2

図3.5.3

科目	学習指導要領の内容	難易度	解答時間	評価の観点
化学基礎	（1）（ア）④ 物質の分離・精製	★★	10分	知識 計画

作題の趣旨

　蒸留（分留）は、中学校の理科や高等学校『化学基礎』で取り扱われる分離操作の一つであり、蒸留装置の組み立ての誤りを指摘する問題は、これまでもよく出題されている。しかし、PBTによる出題では実験装置がイラストで表現されることが多く、箇所を限定したり、説明書きが加えられたりするなど、解答のヒントが与えられていることが多い。そこで、ObjectVRにより実体と近い形で観察できることを利用して、蒸留装置の組み立てに関する留意点を見いだす力を問う問題とした。

解答・解説

　蒸留装置の組み立てに関する主な留意点は、以下の①〜⑤である。

① 蒸留する液体の量はフラスコの1/3〜1/2程度にする。

② 突沸を防ぐために、沸騰石を入れる。

③ 蒸発した気体の温度を測定するために、温度計の下端部がフラスコの枝の付け根の高さになるように調節する。

④ 分離した気体を凝縮させる（リービッヒ）冷却器内に水を満たしながら、水道水を下から上に流す。

⑤ 密閉させたまま加熱を行うと装置内が高圧になり装置が破損する危険性があるので、加熱をする実験では密閉を回避して行うのが基本である。密閉を避けるために、留出液を溜める容器の口にゴム栓を使用せず、代わりにグラスウールを詰めたり、アルミホイルで覆ったりすることが知られている。

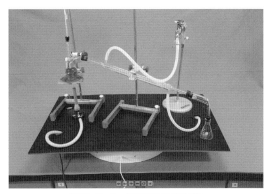

図3.5.4　正面からの画像

まず、正面からみた**図3.5.4**からは、水道に接続されているゴム管をたどっていくと、リービッヒ冷却器の上部につながっているのが確認できる。

　次に、フラスコの下部及び温度計の下端部が確認しやすい位置に回転させたものが**図3.5.2**で、フラスコ部分を拡大したものが**図3.5.5**である。**図3.5.5**から、沸騰石が液体中にあることが確認できる。さらに液量が多すぎることと、温度計の下端部の位置がフラスコの枝の付け根より下であることが確認できる。

　さらに、三角フラスコの上部が確認しやすい位置に回転させた図が**図3.5.3**で、その部分を拡大した図が**図3.5.6**である。この図からゴム栓が使われていることが確認でき、**図3.5.4**から装置全体が全てゴム栓で接続されているのも確認できる。

【正答例】（順不同）

・フラスコ内の液量が多すぎる

・温度計の球部の位置がフラスコの枝の付け根の位置になっていない

・リービッヒ冷却器の冷却水の流れる向きが逆になっている

・装置が密閉されている

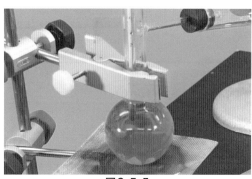

図3.5.5

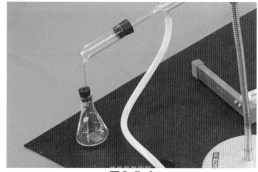

図3.5.6

画像の情報（ObjectVR以外の提示方法）

　ObjectVR（作成方法は5.3で詳述）が作成できない場合、次のような方法が可能である。

　図3.5.7は実験装置全体を真上から撮った画像である。例えば、**図3.5.7**の左下のカメラマークをクリックまたはタップすると、その視点から撮った画像（**図3.5.8**）が表示されるようにする。

　図3.5.8のフラスコ部分を拡大すると**図3.5.9**で表示したような画像になる。Object VRを用いた方が任意の視点で確認できるが、複数の写真を使うことでObjectVRと同様に問題を作成することができる。

ObjectVR、画像いずれの場合においても、枝付きフラスコ内の液体の色が無色だと、撮影した画像の液量が分かりにくいため、赤色のインクで着色した水を用いた。なお、フラスコ内部の様子が確認できるように、色調に十分留意する必要がある。例えば、**図 3.5.9**は色が濃く、フラスコ内の様子がわかりにくい。

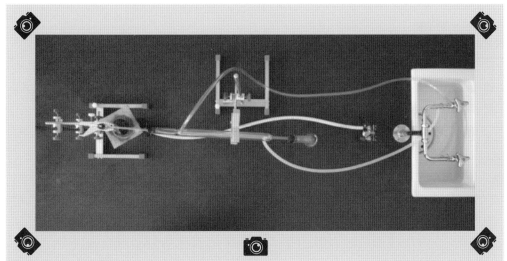
図3.5.7

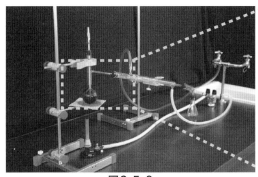
図3.5.8

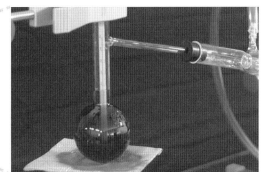
図3.5.9

まとめ

今回の問題をPBTで作成すると、補足説明が必要であるが、ObjectVRを用いることで、画像を回転させたり、拡大・縮小したりすることができるため、このような補足説明は不要となる。

第3章 3.1 現象や変化の観察

6 中和滴定

問題の特徴

中和滴定によって酢酸の濃度を求める問題はPBTでよく出題されるが、これを動画を使って提示したものである。実験の流れや操作内容を動画で示すことで、実験操作の説明を言語による読解の量を減らすことができ、より直接的に伝えることができる。

問題

次の動画（4分32秒）は、濃度未知の酢酸水溶液10.0 mLを、0.227 mol/Lの水酸化ナトリウム水溶液を用いて中和滴定をしている様子である。動画をみて、問い（(1)～(4)）に答えなさい。問いはすべて動画中に表示される。

＜動画中に表示される問題文＞　※表示される時間　(1)0:31　(2)2:04　(3)3:32　(4)4:19

(1) メスフラスコ内の酢酸水溶液を測り取ったガラス器具の名称を答えなさい。

(2) ビュレットの目盛りを読むのに最も適当なものを i ～ iv のうちから一つ選びなさい。また、そのときのビュレットの目盛りを読みなさい。ただし、1目盛りは0.10 mLである。

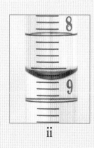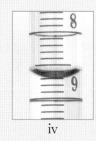

| i | ii | iii | iv |

(3) 指示薬として用いた薬品は何であったと考えられるか、次の1～4のうちから一つ選びなさい。

        1. ブロモチモールブルー（BTB）   2. 過マンガン酸カリウム
        3. フェノールフタレイン   4. メチルオレンジ

(4) 動画と同様の操作を3回くり返したところ、以下の表のような結果が得られた。酢酸水溶液の濃度〔mol/L〕を求めなさい。

ビュレットの目盛り	1回目	2回目	3回目
滴定前〔mL〕	0.38	9.48	0.26
滴定後〔mL〕	9.44	18.59	9.33

動画の主なフレーム

① (0:01)   ② (0:31)   ③ (1:07)

④ (1:32)   ⑤ (2:04)   ⑥ (2:45)

⑦ (3:32)   ⑧ (3:54)   ⑨ (4:19)

(1) 問題文表示

(2) 問題文表示

(3) 問題文表示

(4) 問題文表示

図3.6.1　動画の主なフレーム

問題の情報

科目	学習指導要領の内容	難易度	解答時間	評価の観点
化学基礎	(3)（イ）㋐ 酸・塩基と中和	★	10分	知識　実験　結果

　本問題は、学校の定期考査や大学入試で広く出題される中和滴定の問題をCBT形式に改題したものである。PBTでは実験操作や器具、実験結果についてテキストやイラストで提示されるが、本問題ではこれらを動画や写真で示しており、生徒は一連の実験動画から実験内容や結果などを読み取る必要がある。

　また（2）のビュレットの液面を読み取る問題は、ペーパーテストでは**図3.6.2**の左図ようなイラストで提示されることが多い。しかし、実験で読み取る際は、目線の高さや読み取る液面の位置（メニスカスの位置に影ができるため**図3.6.2**の右図のａ、ｂどちらの位置で読みとるのか）について、生徒は迷うことが考えられる。そこで、一連の実験動画の中で実際の液面の写真を提示し、メニスカスを正確に読み取ることができるかを問うた。

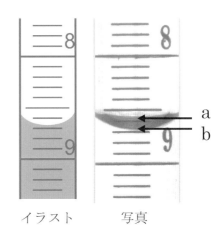

イラスト　　　写真

図3.6.2　メニスカスの読み取り

解答・解説

（4）水酸化ナトリウム水溶液の滴下量の平均は、

$$\frac{9.06 \text{ mL} + 9.11 \text{ mL} + 9.07 \text{ mL}}{3} = 9.08 \text{ mL}$$

酢酸水溶液の濃度を c〔mol/L〕とすると、

$$c \times \frac{10.0}{1000} \text{ L} = 0.227 \text{ mol/L} \times \frac{9.08}{1000} \text{ L} \qquad c = 0.206 \text{ mol/L}$$

【正答】（1）ホールピペット　　（2）選択肢：ⅲ、目盛り：8.68 mL
　　　　　（3）3.フェノールフタレイン溶液　　（4）0.206 mol/L

撮影の情報（照明）

　ガラス器具に照明の光が直接当たると、照明や撮影者などが映り込んでしまうことが多い。これらの映り込みは、現象や変化の観察において妨げとなったり、視聴者に誤った情報を与えたりする可能性がある。したがって、実験操作を伴う動画の撮影では、ガラス器

具に光が直接当たらないように照明の位置や角度を工夫する必要がある。

　例えば、実験室の天井照明（蛍光灯）を消灯し、自然光や天井バウンスを利用して撮影することが望ましい。後方から光を当てて前面のガラスの映り込みを相対的に暗くする方法もよく、この問題の動画撮影は**図3.6.3**に示すように、実験者の後方に２つの撮影用ライトを配置して撮影をした。なお、試験管内の反応の様子を撮影する場合は、ガラス器具やカメラの角度を調整することである程度映り込みを解消できる。

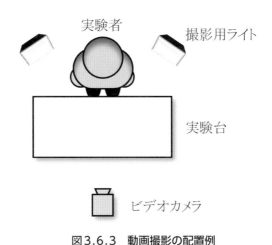

図3.6.3　動画撮影の配置例

まとめ

　CBTでは実験操作、器具、実験結果を動画や静止画で提示することが可能となり、生徒は一連の動画から実験内容や手順、実験結果を読み取る必要がある。実験のテーマ・内容によっては、実験経験の有無などが結果に影響を与える可能性がある。

　CBTでは実験操作、器具、実験結果を動画や静止画で提示することが可能となり、生徒は一連の動画から実験内容や手順、実験結果を読み取る必要がある。実験操作の動画を使った問題は、本問題のように単純なペーパーテストの置き換え以外にも、実験手順の並び替えといった形式の問題にも応用できる可能性がある。

第**3**章　**3.1**　現象や変化の観察

7 水の沸騰

問題の特徴

　水が沸騰する様子は日常でもよく目にするが、そこには見過ごしてしまっている現象がいくつも見られる。

　水の沸騰によって起こる様々な現象を、動画の停止、再生、画像の拡大などを使って観察し、そのような現象が起る理由について考察し表現する。

問題

　水の沸騰に関する動画（3分10秒）をみて、問い（(1)〜(5)）に答えなさい。問いは全て動画中に表示される。

　なお、ビーカーの水は現象が見やすくなるよう着色してある。

＜動画中に表示される問題文＞　　※表示される時間 (1) 0:55　(2) 1:55　(3) 2:37　(4) 2:49

(1) 加熱を始めたとき、ビーカーの水に入っているガラス管の先端ではどのような現象が見られたか記述しなさい。また、そのような現象が起こった理由を説明しなさい。

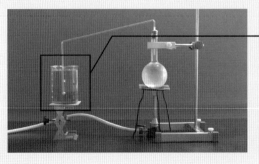

(2) 丸底フラスコの内部で水の沸騰が始まってから、ビーカーの水に入っているガラス管の先端の現象がどのように変化したか記述しなさい。また、そのような変化が起こった理由を説明しなさい。

(3) 加熱を止めたとき、ビーカーの水が丸底フラスコの方向にガラス管内を逆流する現象が見られた。そのような変化が起こった理由を説明しなさい。

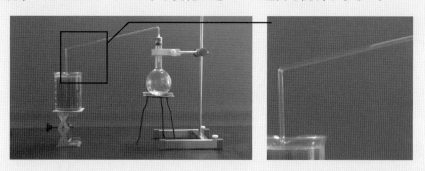

(4) 逆流した水が丸底フラスコ内に入ると、フラスコ内で水が沸騰している様子が見られた。このような現象が起こる理由を説明しなさい。

(5) ビーカーの水が十分にある場合、水は丸底フラスコのどの位置まで入ると考えられるか。図の①〜④のうちから最も適当と考えられるものを選びなさい。また、そのように考えた理由を答えなさい。

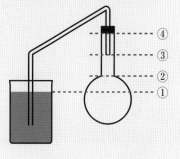

科目	学習指導要領の内容	難易度	解答時間	評価の観点
化学	(1)（ア）㋐ 状態変化	★★	10分	実験 考察 表現

作題の趣旨

　沸騰現象は、日常生活においてよく見かける現象だが、本問題のように動画を使って詳しく観察すると、多くの不思議な現象が見られ、生徒の驚きと新たな発見が期待できる。

　身近な現象である水の沸騰の様子を動画で観察し、科学的な思考力や表現力を問う問題であり、学びに向かう力の育成にも利用できる。

解答・解説

(1) 加熱してしばらくすると、ビーカー内のガラス管の先端から気泡が出てくる。これは、丸底フラスコ内の空気が加熱によって膨張するとともに、丸底フラスコ内の水が蒸発し、フラスコ内（やガラス管内）の空気を押し出すためである。

　　【正答例】
　　　　現象：気泡が出てきた。
　　　　理由：丸底フラスコ内部の空気が温められ、膨張したため（丸底フラスコ内の水が蒸発し、フラスコ内（やガラス管内）の空気を追い出したため）。

(2) さらに加熱を続けると、丸底フラスコ内の空気がすべて追い出され、水蒸気に置換される。ガラス管の先端から出てくる気体が水蒸気になると、ビーカーの水に触れて水に戻る。そのためガラス管の先端からは気泡が出ていないように見える。

　　【正答例】
　　　　現象：気泡が出なくなった（少なくなった）。
　　　　理由：フラスコ内で発生した水蒸気がビーカーの水に触れ、液体（水）に戻ったため。

(3) 加熱を止めると、丸底フラスコ内の気体が冷えてフラスコ内の気体の圧力が下がる。そのためビーカーの水が吸い上げられ、丸底フラスコの方向にガラス管内を逆流する現象が見られる。

　　【正答例】
　　　　理由：フラスコ内の気体が冷やされ、フラスコ内の気体の圧力が低くなったため（フラスコ内の気体の体積が小さくなったため）。

(4) ガラス管内を逆流した水が丸底フラスコ内に入ってくると、フラスコ内の水蒸気が冷やされ水に戻り、フラスコ内の圧力が急に下がる。そのため水の沸点が下がり、フラスコ内で水が沸騰する様子が見られる。

【正答例】

理由：逆流した水がフラスコ内に流れ込み、フラスコ内の圧力が急に下がったため、水の沸点が下がり沸騰が起こった。

(5) 水が逆流する前は、フラスコ内は水蒸気で満たされており、水の浸入によりフラスコ内の水蒸気はすべて水に戻る。そのため、フラスコ内はすべて水で満たされる。

【正答例】

番号：④

理由：フラスコ内はすべて水蒸気で満たされているため。

実験の情報（装置の準備）

・この実験は、丸底フラスコとゴム栓、ガラス管との間に隙間があるとうまくいかない。接続部分は、緩みがないようテープなどを利用して密閉しておく必要がある。

・水が丸底フラスコに逆流してもなくならないよう、ビーカーは大きめのものを準備し、水を十分に入れておく。また、ガラス管の先端は、ビーカーの底に近い位置になるよう準備する。

まとめ

　水を冷やせば氷になり、氷に熱を加えると水に戻り、さらに熱を加え続けると水蒸気になる。水が温度によって氷や水蒸気に変わることは小学校4年生の理科でも学習する。水はあまりにも身近で、当たり前にあるものだが、水ほど不思議な物質はない。日常見慣れているはずの水の状態変化にも、不思議な現象が隠れている。そのことに気づき、考察し、表現する問題づくりは、紙媒体による文字と図だけでは難しい。

　水の沸騰という簡単な実験にも、生徒が「おもしろい」「なぜだろう」と感じる現象は多く、化学に対する興味関心を高めるため、化学の導入実験として行うのもオススメである。

第3章　3.1　現象や変化の観察

8 液体窒素

問題の特徴

液体窒素を用い、いろいろな物質の状態変化の様子を動画で観察し、そこで起こった現象や結果について、科学的な根拠を踏まえて考察する。動画を繰り返し再生したり、拡大したりすることにより、生徒自身が主体的に観察・考察することが可能となる。

問題

次の表を参考にして、下の問い（(1) ～ (3)）に答えなさい。

表：物質の融点と沸点（1気圧）

物質名	化学式	融点（℃）	沸点（℃）
窒素	N_2	−210	−196
酸素	O_2	−218	−183
アルゴン	Ar	−189	−186
二酸化炭素	CO_2	−79（昇華点（℃））	
ネオン	Ne	−249	−246
ヘリウム	He	−272	−269
水	H_2O	0	100

(1) **動画1**は、液体窒素をガラスの容器に移した様子である。ここで起こっている現象は何というか。5文字以内で答えなさい。

動画1（1分12秒）

動画1の主なフレーム

① (0:05)

② (0:28)

③ (1:12)

図3.8.1　動画1の主なフレーム

(2) **動画2**は、試験管と風船を使って、酸素、窒素、二酸化炭素の3種類の気体のいずれかを密封し、デュワー瓶の液体窒素中に浸してしばらくしてから取り出した様子である。それぞれの物質名を解答群から一つずつ選びなさい。

物質名　　　ア　　　　イ　　　　ウ

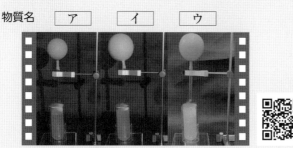

解答群
酸　素
窒　素
二酸化炭素

動画2（1分34秒）

動画2の主なフレーム

① (0:19)

② (0:44)

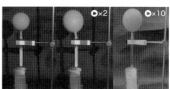

③ (1:34)

図3.8.2　動画2の主なフレーム

(3) **動画3**は、銅製のカップに液体窒素を注いだ様子で、後半（1分40秒以降）部分で、カップから液体がしたたり落ちる様子が見られる。この液体の成分として、この動画から同定できる物質を、次の①〜⑦の中から一つ選びなさい。

① 窒素
② 酸素
③ アルゴン
④ 二酸化炭素
⑤ ネオン
⑥ ヘリウム
⑦ 水

動画3（2分55秒）

動画3の主なフレーム

① (0:04)

② (1:54)

③ (1:57)

図3.8.3　動画3の主なフレーム

科目	学習指導要領の内容	難易度	解答時間	評価の観点
化学基礎	(1)（ア）④熱運動と物質の三態	★★	12分	知識 考察 表現

作題の趣旨

　物質の状態変化（固体・液体・気体の間の変化）を扱う。常温で気体の物質を用いて、温度の変化と物質の状態変化との関係を理解しているかを確認する問題である。

解答・解説

(1) ガラスの容器（デュワー瓶）が室温であり、表から窒素の沸点は $-196\ ℃$である。したがって、液体窒素をガラスの容器に移すと、容器から液体窒素に急激に熱が移動するため、液体窒素は激しく沸騰する。時間経過とともに容器が冷却されると、沸騰がおだやかになっていく。

(2) 表から、液体窒素の沸点（$-196\ ℃$）において、酸素は、沸点が $-183\ ℃$、融点（凝固点）が $-218\ ℃$であるため凝縮して液体になる。窒素は気体のまま、二酸化炭素は昇華点が $-79\ ℃$であるため、液体にならず凝華して固体（ドライアイス）になることがわかる。動画から、物質アは風船が少し小さくなり、試験管を外に出すと、元に戻る様子が観察できるので、窒素であることがわかる。物質イと物質ウは、ともに試験管を液体窒素の中に入れると、風船が完全に萎んでいることから状態変化が起きていることが考えられる。物質イは試験管を外に出した時、液体が確認でき、そのまま放置すると蒸発して元に戻る様子が観察できるから、酸素であることがわかる。物質ウは試験管を外に出した時、白い固体が確認でき、そのまま放置すると、昇華して元に戻る様子が確認できるから、二酸化炭素であることがわかる。

(3) **動画3**では、カップの外側に霜（氷）が付着し、しばらくすると液体が付着し、それが滴り落ちる様子が観察できる。銅製のカップに液体窒素を入れるとカップが冷やされ、まず、空気中の水蒸気が冷やされて氷になり、その後、さらに温度が下がり、空気中に含まれる成分物質の凝縮が起こる。したたり落ちた液体に火のついた線香を近づけると激しく燃える様子から酸素が同定される。また、表から、窒素の沸点付近で酸素は液体で存在する物質であることが確認できる。

【正答】（1）沸騰（突沸）　（2）ア：窒素　イ：酸素　ウ：二酸化炭素　（3）② 酸素

　液体窒素を扱う場合、空気中の水分が凝縮して、霧が発生しやすいので、撮影にはピント合わせ等、注意が必要である。また、背景や実験台は黒を基調にすると見やすい。デュワー瓶はステンレス製とガラス製のものがあるが、透明なガラス製の方が観察しやすい。撮影中、デュワー瓶に霜がつくことが多いので、その際にはエタノールをしみこませた布でふき取るとよい。

　なお、本問題の（3）では、熱伝導率の高い銅製の容器を使用した。アルミ缶も使用可能であるが、使用する場合は、厚さが薄いものを使うとよい。

考察

　本問題の（3）では、氷水の入ったカップの周りに水滴が付く日常的に見るような感覚から、−200 ℃に近い非常に低温であることに考えが及ばず、間違って水と思う生徒が多い。カップからしたたり落ちる液体は、実際には空気中の酸素のみが選択的に凝縮するということはない。このことを理解するためには、大学レベルの物理化学の知識が必要である[1]。

まとめ

　液体窒素を使った実験は生徒が興味を持ちやすく、様々な現象について理解を深めるために有効である。本問題では、液体窒素を用いて物質の三態の変化とそれにともなう現象を観察するが、日常的に見ている水とは違い、凝華や昇華を含めた様々な物質の状態変化を観察することができる。

　生徒の興味関心を高めるだけでなく、紙媒体では表現しにくい物質の状態変化を動画で観察することにより、思考力・判断力も養われ、CBTならではの問題となる可能性が大いにあると考えられる。

参考文献

[1] 山本喜一（2021）.「液体窒素による窒素と空気の冷却——大学入試に出題された実験——」. 化学と教育. 69巻. 2号. p.74-75.

第3章　3.1　現象や変化の観察

❾ 酸の水溶液の識別

問題の特徴

　ペーパーテストでは、実験結果の説明が必要となる上、些細な変化も解答に関わる場合は問題文で示さざるを得ず、結果として知識を問う設問になりがちである。CBTの特長を生かして複数の実験動画を並べて観察することで、少しの変化の違いも分かりやすくなる。本問題は、着眼点を生徒自らが見つけて解答することを期待した問題である。

問題

　下の**動画1**〜**動画3**は、酸の水溶液の識別に関する実験である。
動画中の水溶液A〜Dは希硫酸、希硝酸、酢酸水溶液、希塩酸のいずれかであり、どの水溶液も濃度は0.1 mol/Lである。次の問い（(1)・(2)）に答えなさい。

(1) **動画1**と**動画2**は、それぞれの水溶液3 mLを測り取り、指示薬として**動画1**はメチルオレンジを、**動画2**はフェノールフタレインを加えてから、0.1 mol/Lの水酸化ナトリウム水溶液を少しずつ加えた。**動画1**と**動画2**の実験結果から、希硫酸および酢酸水溶液はどれか。水溶液A〜Dのうちから一つずつ選びなさい。

動画1 (53秒)

動画2 (53秒)

(2) **動画3**は希硝酸と希塩酸の区別をつけるために行った実験である。どのような試薬を加えたと考えられるか答えなさい。

動画3 (20秒)

動画の主なフレーム

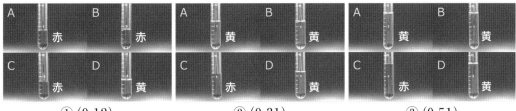

① (0:12)
NaOHを約1 mL加えたとき

② (0:31)
NaOHを約3 mL加えたとき

③ (0:51)
NaOHを約5 mL加えたとき

図3.9.1　動画1の主なフレーム

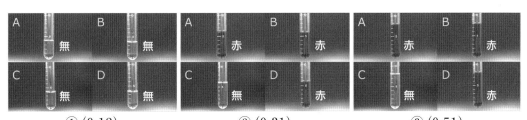

① (0:12)
NaOHを約1 mL加えたとき

② (0:31)
NaOHを約3 mL加えたとき

③ (0:51)
NaOHを約5 mL加えたとき

図3.9.2　動画2の主なフレーム

① (0:06)

② (0:18)

図3.9.3　動画3の主なフレーム

［注］**動画1〜3**には、図3.9.1〜図3.9.3のような色を示す字幕（試験管の右下）は付していない。

科目	学習指導要領の内容	難易度	解答時間	評価の観点
化学基礎	(3)（イ）㋐ 酸・塩基と中和	★	10分	知識 結果 考察

作題の趣旨

　中和反応の問題において、中和点に達するまでの液量や指示薬について問うことは多い。しかし、本問題は実験動画をみて、どのような結果になったか生徒自身に判断させ、結論を引き出させることを意図している。動画を編集し、4つの実験を同時に観察できるようにしており、生徒自身に比較させたり、変化に気付かせたりすることを促している。探究の過程における「結果の処理」や「考察・推論」の資質・能力を測ることがねらいである。

　問い（1）で、**動画1と2**については実験操作を説明しているが、加えた試薬の量、色の変化、色が変化するタイミングなどは文章や表で示していない。動画からそれらを読み取った上で、解答しなければならない。問い（2）は、**動画3**の現象から何のための実験をしているか、操作の意味そのものを問う設問である。

解答・解説

(1) **図3.9.4**は、中和反応の滴定曲線、**表3.9**は酸の特徴と滴定曲線の関係を示したものである。**動画1と2**では、ともに1価の強塩基である水酸化ナトリウム水溶液を少

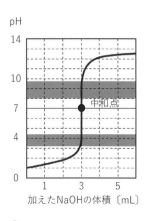

① HNO₃／HClとNaOH
の組合せによる滴定曲線

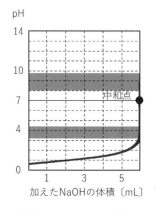

② H₂SO₄とNaOHの
組合せによる滴定曲線

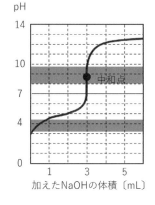

③ CH₃COOHとNaOH
の組合せによる滴定曲線

図3.9.4　滴定曲線

しずつ加えている。各試験管で反応させている酸・塩基のモル濃度は0.1 mol/Lである。指示薬として、**動画1**ではメチルオレンジ（変色域：pH3.1〜4.4）を、**動画2**ではフェノールフタレイン（変色域：pH8.0〜9.8）を使用している。

表3.9　酸の特徴と滴定曲線の関係

	価数	酸の強弱	滴定曲線
希硝酸・希塩酸	1	強	図3.9.4 ①
希硫酸	2	強	図3.9.4 ②
酢酸水溶液	1	弱	図3.9.4 ③

・水溶液Cは、いずれの実験においても変色していないことから、希硫酸（2価の強酸）であることが分かる。

・水溶液Dは、**動画1**で、水酸化ナトリウム水溶液を約1 mL加えたところで水溶液の色が赤色から黄色に変化している。これは、**図3.9.4** ③のように水酸化ナトリウム水溶液を加えていくと、中和点に至る前にpHがメチルオレンジの変色域の範囲を過ぎていることを示している。したがって、水溶液Dは酢酸水溶液（1価の弱酸）である。

・希硝酸と希塩酸のそれぞれに、水酸化ナトリウム水溶液を加えた場合、pH変化は**図3.9.4** ①になり、**動画1、2**の変色に対応している。

【正答】希硫酸：水溶液C　　酢酸水溶液：水溶液D

(2) 希硝酸と希塩酸に含まれるイオンはそれぞれ硝酸イオンNO_3^-と塩化物イオンCl^-である。ある試薬を加えると一方の試験管では変化がなく、他方の試験管では白濁した。これは、希塩酸に含まれる塩化物イオンが、加えた試薬と反応し、水に溶けにくい白色の沈殿（塩化銀$AgCl$や塩化鉛（II）$PbCl_2$）を生じたためだと考えられる。つまり、加えた試薬は銀イオンAg^+や鉛（II）イオンPb^{2+}を含む試薬であると推定される。なお、硝酸イオンの化合物はそのほとんどが水に可溶である。

【正答例】硝酸銀水溶液$AgNO_3$や酢酸鉛（II）水溶液$Pb(CH_3COO)_2$など

まとめ

本問題では単純な知識を問うのではなく、実験動画から観察の着眼点を生徒自らが見出して解答する。正解に至るまでには、知識と動画から得られる情報を整理統合し、総合的に判断する力が必要である。

第3章　3.1　現象や変化の観察

❿ 気柱の共鳴と定在波の観察

問題の特徴

　音の性質をマイクとオシロスコープを使って可視化し、実験動画を見ながら、気柱が共鳴する音の振動数を探していく。また、アプリを用いて、自らの操作により気柱内の定在波を描画できるようになっている。PBTでは困難な、観察・実験の技能の評価と、作図で表現された解答の自動採点が可能である。

問題

　発振器とスピーカー、マイクとオシロスコープをそれぞれつなぐ。スピーカーから出る音波の振動数を少しずつ高くしながら、およそ20 Hzから520 Hzの範囲で、オシロスコープに現れる波形を観察した。次の**動画**をみて、下の問い（(1)～(3)）に答えなさい。ただし、(2)と(3)において開口端補正はないものとする。

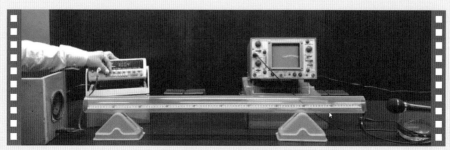

動画（4分13秒）

(1) 基本振動、2倍振動、3倍振動は、それぞれ何 Hzか。

(2) 基本振動のとき、音波の定在波（定常波）の様子は、**下図** a と b の値がいくらのときか。a と b の値の組を答えなさい。

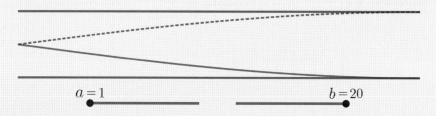

$a = 1$　　　　　　　　　　　　　　$b = 20$

(3) 音速〔m/s〕を小数第1位まで答えなさい。

科目	学習指導要領の内容	難易度	解答時間	評価の観点
物理基礎	(2)（ア）イ 音と振動	★★	10分	知識 考察 表現

作題の趣旨

　PBTでは、「気柱が共鳴した」や「大きな共鳴音が聞こえた」などのように、共鳴している状態であることを問題文に直接記述している。音波の状態から共鳴しているのか否かを判断させる出題は難しかった。また、採点面において、気柱の内部にできる定在波を問う場合、選択式にすると典型的なパターンからの選択により「暗記で対応できる」、記述式にすると「採点に大きな手間がかかる」等、出題と採点の両面に懸案事項があった。

　本問題は、マイクをつないだオシロスコープの実験動画を観察しながら、「気柱が共鳴しているときの状態」を判断できるか、「気柱にできる定在波の様子」を表現することができるかを評価の観点とし、CBTで自動採点を可能としている。

解答・解説

(1) 発振器の振動数を徐々に大きくしていくとき、オシロスコープに現れる音波の波形を観察すると、165.1 Hz、332.5 Hz、499.2 Hz付近で振幅の極大が現れる。このとき気柱は共鳴し、振動数の比は1：2：3で、それぞれ、基本振動、2倍振動、3倍振動と判断できる。動画から読み取る振動数に幅があることを考慮し、CBTでの数値入力における正答の値の誤差を設定すればよい（**6.5**参照）。

図3.10.1　動画のフレームの拡大図（1:30）

【正答例】基本振動 165.1 Hz

図3.10.2　動画のフレームの拡大図 (2:25)

【正答例】2倍振動 332.5Hz

図3.10.3　動画のフレームの拡大図 (3:31)

【正答例】3倍振動 499.2 Hz

(2) 高等学校の教科書では、気柱にできる定在波の様子を媒質の変位の横波表示で表している。開口端補正がないものとすると、基本振動は節が1つで、開口端は定在波の腹になる。

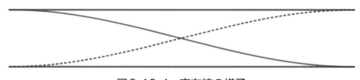

図3.10.4　定在波の様子

【正答例】図3.10.4となる a、b の値の組

(3) 例えば、2倍振動 332.5 Hz、λ＝1.000 m（気柱内の物差し）より音速 v は次のように求められる。

$$v = f\lambda = 332.5 \text{ Hz} \times 1.000 \text{ m} = 332.5 \text{ m/s}$$

【正答例】332.5 m/s

実験撮影の情報

　気柱には外径60 mm、内径52 mmの長さ1.0 mの透明な塩化ビニールパイプを、マイクには電池を使わないダイナミック型を使用した。室内照明のもとで、スマートフォンとスマートフォン用三脚を使って撮影した。その他の撮影機材は用いていない。

　「気柱の共鳴」の実験動画の撮影にあたり、当初、コンデンサーマイクとLEDを組み込

んだ小型の回路をパイプの中で移動させて、気柱内部の定在波の節の位置をLEDの輝度で観察できるようにした。演示実験としての実績もあったが、LEDの輝度の変化と、定規の目盛の判別を両立する照明の調整が難しかった。また、肉眼でLEDの輝度の変化が判別できても、実験動画で輝度の極大を判別することができなかった。そのため、オシロスコープを用いる方法を採用した。

アプリの情報（作図の自動採点）

本問題の(2)において、定在波を描画させることに近い出題にし、自動採点を可能とした。具体的には、動的アプリを利用し、波の式に対して、波長 λ に関する変数を a、x 方向に進んだ波となる平行移動に関する変数を b として、どちらも整数値をとるように定数倍しておき、2つの変数をスライダーで操作すると、グラフの表示が変わるようにしてある。これにより、波形の切り出しの自由度が上がり、気柱内の定在波を描画できるようになっている。また、a と b は離散的な値を取るので、自動採点が可能である。a と b の定数倍の値と a と b の範囲を変えることで、表示される定在波の様子の表示個数を変えることができる。設定によっては、正答が複数となる場合がある。

解答方法の概念と開管の3倍振動の解答例を**図3.10.5**の下図に示す。

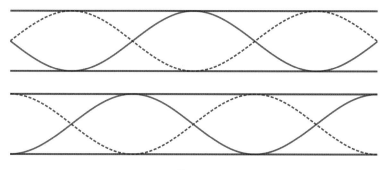

初期値　　$a=1,\ b=20$
↓
波長設定　$a=6,\ b=20$
（上図）　　　↓
位置設定　$a=6,\ b=4$
（下図）

図3.10.5　開管の3倍振動の解答例

まとめ

本問題は、オシロスコープの波形の振幅を調べ、発振器に表示された数値（振動数）を読み取るものであるが、共鳴すると音が大きくなり、オシロスコープの波形が極大になることを理解している必要がある。解答するときは、はじめに短時間で、オシロスコープの波形の振幅が極大になる時刻を調べ、次にそのときの振動数を読み取ることが求められる。

第3章 **3.1 現象や変化の観察**

⑪ 炭酸塩と塩酸の反応

問題の特徴

　本問題は動画中に提示される複数の測定データの中から、必要なデータを動画（実験）の状況から選び出して化学反応の量的関係を計算する問題である。本問題のように「気体の浮力が影響する状況での質量測定」などテキストでは表現が難しい実験状況も、動画として提示できることがCBTならではの特徴である。

問題

　ある金属Mの炭酸塩（MCO_3）と塩酸の反応について**動画**（3分5秒）で示す実験を行った。このときの化学反応式は以下のとおりである。

　動画をみて、下の問い（(1)・(2)）に答えなさい。ただし、原子量はH = 1.0、C = 12、O = 16、Cl = 35.5とする。

$$MCO_3 + 2HCl \quad \rightarrow \quad MCl_2 + H_2O + CO_2$$

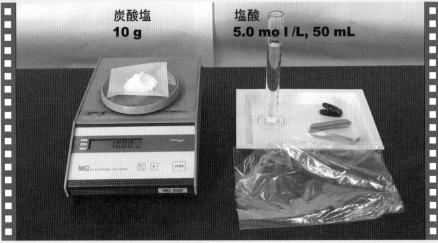

(1) 発生した二酸化炭素の質量を求めなさい。

(2) 実験値を用いて金属Mの原子量を計算し、有効数字2桁で答えなさい。

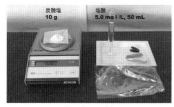

① (0:02)

② (0:20)
炭酸塩を入れる

③ (0:29)
塩酸を入れる

④ (0:40)
絞ってクリップで止める

⑤ (1:02)

←データA
天秤の示す値を
記録しなさい

⑥ (1:31)
炭酸塩と塩酸を混ぜると
袋が膨らむ

⑦ (2:08)

←データB
天秤の示す値を
記録しなさい

⑧ (2:39)
発生した気体を抜いて留め直す

⑨ (3:09)

←データC
天秤の示す値を
記録しなさい

図3.11.1　動画の主なフレーム

問題の情報

科目	学習指導要領の内容	難易度	解答時間	評価の観点
化学基礎	(3)（ア）㋑化学反応式	★★	10分	知識　結果　考察

作題の趣旨

　本問題は、化学反応式が反応に関与する物質とその量的関係を示していることを理解するとともに、発生する二酸化炭素の質量から物質量を求め、その物質量と炭酸塩の物質量が同じことから炭酸塩に含まれる未知金属Mの原子量を求める問題である。また、実験動画に示される複数の測定データから必要なデータを適切に選択できるかについても問うている。

(1) 発生した二酸化炭素の質量

　　図3.11.1①〜④のように炭酸塩と塩酸の化学反応はビニール袋の中で行う。両者を触れさせないようにして、袋の中の空気を全て抜いた状態が図3.11.1⑤で、測定したデータAは180.57 gである。この値は化学反応が起こる前の総質量となる。

　　図3.11.1⑦で示されるデータB（177.56 g）は化学反応後の総質量であり、質量保存の法則からデータAと同じになるはずであるが、生成した気体（二酸化炭素）によりビニール袋が膨らみ、浮力が生じるため、電子天秤の値はデータAに比べて小さな値を示す。

　　図3.11.1⑨で示されるデータC（176.12 g）は、図3.11.1⑥で生成した二酸化炭素を追い出した質量であり、データAと同様にビニール袋の中の気体の体積が小さいので浮力は生じない。よって、データAとデータCの質量の差が発生した二酸化炭素の質量となる。

　　データBからデータCを除いた1.44 gという誤答が予想される。生成した二酸化炭素の質量は、二酸化炭素が発生したときの質量（データB）とその二酸化炭素を追い出した質量（データC）の差であると考えた誤答であると思われる。データBの値がデータAに比べて減少したことに疑問を持ち、測定時の条件を考えて必要なデータを適切にとらえることが重要である。

(2) 金属Mの原子量（モル質量）

　　化学反応式の係数から4.45 gの二酸化炭素の物質量と炭酸塩10 gの物質量とが同じであることから、炭酸塩に含まれる金属Mの原子量を求める。

　　以下、金属Mの原子量を算出する流れの例を記す。

　　二酸化炭素CO_2のモル質量が 44 g/mol

　　金属Mのモル質量を x とするとMCO_3のモル質量は $x+60$ g/mol

　　化学反応式から、CO_2とMCO_3の物質量は同じであるから、

$$\frac{4.45 \text{ g}}{44 \text{ g/mol}} = \frac{10 \text{ g}}{x + 60 \text{ g/mol}}$$

　　よって、原子量は39となる。

【正答】(1) 4.45 g

(2) 39（実験で使った炭酸塩は炭酸カルシウムである。Ca = 40）

考察

通常の問題では、塩酸は反応に十分な量があることが前提となっているが、今回の条件がこれに当てはまっているか確認してみよう。

今回の実験では5.0 mol/L塩酸を50 mL使っており、この中の塩化水素HClは、

$5.0 \text{ mol/L} \times 0.050 \text{ L} = 0.25 \text{ mol}$ である。

化学反応式から、HClは発生したCO_2の物質量の2倍必要となる。CO_2の物質量は、

$$\frac{4.45 \text{ g}}{44 \text{ g/mol}} = 0.10 \text{ mol}$$

であり、これは炭酸塩10 gの物質量と同じであるから、炭酸塩がすべて反応するのに必要なHClは0.20 molで、これより十分多い0.25 molが加えられていることがわかる。

まとめ

中学校理科では質量保存の法則を学習しており、多くの生徒は化学反応の前後で物質の総質量の変化が起こらないと判断する。本問題のように生成する二酸化炭素の浮力が働く条件下で質量を測定すると総質量は変化してしまうようにみえるため、疑問を感じるであろう。

その変化の原因が、一般に扱われることの少ない気体の浮力によると気付くことは難しいと思われるが、反応の前後を比較する際は同じ条件下にすることが重要であり、ここではビニール袋を絞った状態で質量を測定する必要がある。日頃から化学実験においては注意深く観察することや疑問を持って取り組むことを大切にすることなど、今後の指導に生かしていくことができる。

第3章 3.2 実時間や肉眼で見ることが難しい現象や変化

12 4次式の因数分解（因数定理）

問題の特徴

係数が複雑で通常の因数分解の公式を適用できそうにない整式 $f(x)$ の因数分解を考える問題。変数 x に ± 1 や ± 2 を代入したところで、$f(x)$ の値は 0 にならないが、その多項式のグラフを見れば、$f(x)$ の値が 0 となる変数の値を読み取ることができる。これをもとに因数定理を用いて因数分解できるかどうかを問う。

問題

下の図は、4次関数
$$f(x) = x^4 - 174x^3 + 8232x^2 - 144866x + 814407$$
のグラフを表示している。タブレット端末やタッチパネルPCでは、スワイプやピンチアウト・ピンチインすることで、グラフの表示範囲を変えたり、拡大・縮小したりできる。以下の問いに答えよ。

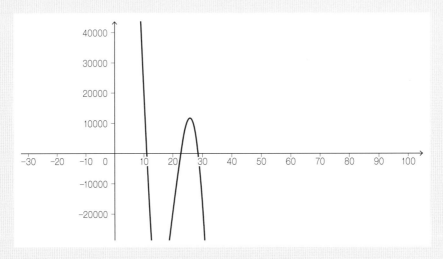

(1) 整式 $f(x)$ を因数分解しなさい。

(2) (1) の因数分解を得るために使用したものは何ですか。次の①〜⑤のうちから一つ選びなさい。

    ① 三平方の定理　　② 和と差の積の公式　　③ 二次方程式の判別式

    ④ 因数分解の展開の公式　　⑤ 因数定理

科目	学習指導要領の内容	難易度	解答時間	アプリの役割
数学Ⅱ	(2) 図形と計量	★★	10分	方略

作題の趣旨

　高校生は因数分解の公式を学び、それを適用して与えられた整式の因数分解を求めることに慣れているが、因数分解の公式の基本となっている因数定理に関してきちんと理解しているだろうか。因数定理の意味とその活用方法に立ち返って、関数のグラフを調べて、関数の値が0となる変数の値を探し、与えられた整式の因数分解を行おうとするかどうかを問う問題である。

解答・解説

　付帯のアプリを使えば、関数 $y = f(x)$ のグラフを見ることができる。特に、そのグラフと x 軸の交点を調べれば、$f(x) = 0$ となる x の値を知ることができる。アプリの初期状態では、そのような x の値は3つしか確認できないが、4次の係数が正であることから、十分に x の値が大きくなっていけば、グラフは x 軸と交差して上昇していくと判断できるだろう。

　そこで、アプリの表示をピンチインして、グラフの表示範囲を拡大していくと、次ページの**図3.12.1**のように、そのグラフは，$x = 10$，20，30，110 の近くで x 軸と交わることが確認できる。逆に、$x = 20$ のあたりをピンチアウトして、その周辺を拡大してみると、**図3.12.2**にあるように、グラフは $x = 11$，23，29 で x 軸と交わることがわかる。同様に、$x = 110$ の周辺を拡大していくと、**図3.12.3**のようになり、$x = 111$ で x 軸と交わっていることが読み取れる。

　したがって、因数定理により、整式 $f(x)$ は $x - 11$，$x - 23$，$x - 29$，$x - 111$ を因数に持つ。$f(x)$ は4次式なので、これ以外には因数を持たず、4次の項の係数が1であることから、$f(x)$ は この4つの1次式を掛けたものと一致する。念のため、各因数の1の位の数を掛けてみると、$1 \times 3 \times 9 \times 1 = 27$ となり、$f(x)$ の定数項814407の1の位の7と一致しているので、この因数分解が正しいことに確信が持てるだろう。

　【正答】 (1) $f(x) = (x - 11)(x - 23)(x - 29)(x - 111)$　　(2) ⑤ **因数定理**

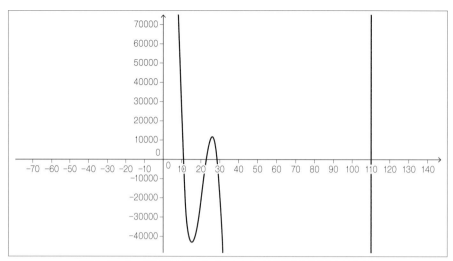

図3.12.1　画面をピンチインして、広範囲を表示させた図

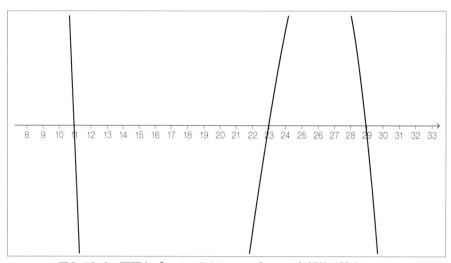

図3.12.2　画面をピンチアウトして、グラフの左部分を拡大した図

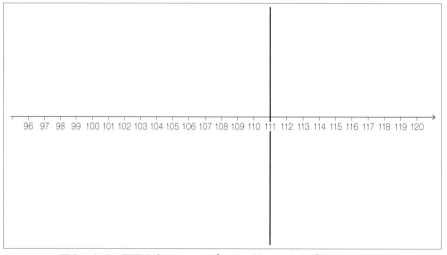

図3.12.3　画面を右にスワイプして、第4の交点が確認できる図

もし関数のグラフを表示するアプリがなかったら、この問題をどのように解けばよいだろうか。たとえば、4次式 $f(x)$ が4つの1次式に因数分解できると仮定すると、その1次式の定数項の積は定数項814407と一致するはずである。そこで、その定数項を素因数分解すると、$3 \times 11 \times 23 \times 29 \times 37$ となる。この5つの素数を4つの積に分けて、その和が3次の項の係数174と一致する組合せを探すと、$174 = 11 + 23 + 29 + 3 \times 37$ が見つかる。これから正答として示されている因数分解を得ることができる。

しかし、この4次の整式が4つの1次式の積になるという前提をどうやって確認したらよいのだろうか。もちろん、この問題の場合、関数のグラフを見れば、それは明らかであるが、数学の問題を解くときにそういうことをしてよいのかと不安に思う高校生が多いだろう。そもそも因数定理の意味をきちんと理解していないと、関数のグラフを表示するアプリを利用しようという思いには至らないかもしれない。

まとめ

解の公式や因数分解の公式などを利用した手順の理解に留まらず、関数のグラフを表示するアプリなどを活用して、因数定理をはじめとする代数学的な知識の意味やよさを知ることで、生徒はより豊かな数学的な学びを体験することができるだろう。

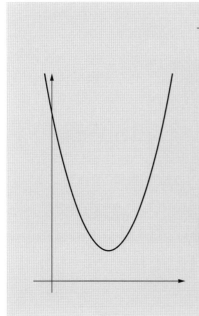

— **COLUMN** —

2次関数 $f(x) = ax^2 + bx + c$ のグラフと x 軸との交点は2次方程式 $f(x) = 0$ の解に対応している。その判別式 $D = b^2 - 4ac$ が負のときも、虚数解まで考えれば2つの解が存在するわけだが、それはどこにあるのだろうか?

関数のグラフ表示をしてくれるアプリを利用して、$z = |f(x + iy)|$ の3次元グラフを描いてみよう。D の値が正から負になるようにパラメータ a、b、c の値を変化させてみると、x 軸上にあった2点が近づいて1点になり、その後、y 軸方向に分離していく様子を目撃できるだろう。

第3章　**3.2** 実時間や肉眼で見ることが難しい現象や変化

⑬ 水面波の屈折、反射

問題の特徴

　教科書等で提示される波の反射角や屈折角に関する図と現実の波動現象が関連づけられているかに焦点を当て、水面波の動画や画像から、反射角や屈折角、そして波長等を求めさせることにより、現実の波動現象の理解を評価する。また、本問題では、長さや角度を測るデジタルツールを用いることも特徴である。

問題

　右図に示す水波投影機は水面に波を作り、波の反射、屈折、干渉などを観察する装置である。

　以下の**動画**（10秒）は、投影機前面のスクリーンに映し出された左向きに進む平面波が屈折する様子を表している。この動画はスローモーション撮影によるもので、速度を1/10にしている。

　後の問い（(1)〜(6)）に答えなさい。必要があれば電卓を用いても構わない。

水波投影機

スロー再生

0 /300 秒

動画（10秒）全299フレーム

※右下の表示時間は実時間：
　299 フレーム／（300 フレーム／秒）≒ 1.0 秒

この動画は1秒間に300フレーム（300 fps）で撮影し、速度を1/10にしている。

右の画像は、平面波が右側から境界面に向かって入射している、動画のある瞬間のものである。

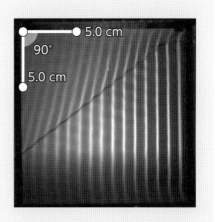

(1) 入射波の入射角は何度か。
(2) 屈折波の屈折角は何度か。
(3) 屈折率はいくらか。
(4) 入射波の波長は何cmか。
(5) 入射波の速さは何cm/sか。
(6) 入射波の振動数は何Hzか。

角 θ	正弦 $\sin \theta$	余弦 $\cos \theta$	正接 $\tan \theta$
0°	0.0000	1.0000	0.0000

$\theta = 0°$

三角関数表

> 上図の左上の折れ線は自由に動かすことができ、なす角と線分の長さが表示される。

問題の情報

科目	学習指導要領の内容	難易度	解答時間	評価の観点
物理	(2)（ア）波の伝わり方	★★★	20分	知識 実験 考察

作題の趣旨

　本問題の各問いは、水波投影機による平面波の屈折動画から入射角、屈折角、波長等を求めたり、そのスロー動画再生により波の速さや振動数を求めたりするものである。これらの問いそのものは、PBTでもよく出題される問いである。

　図3.13.1は、平面波の屈折に関して、教科書等に提示されている典型的な図である。屈折率を答えるためには、その物理的な意味がわからなくても、この典型的な図を暗記していれば、PBTでは正解できてしまうことが多々ある。残念ながら、射線と波面を表す線

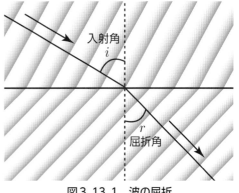

図3.13.1　波の屈折

の区別すらついていない生徒がいるのが現状で、この場合、図と実際の現象が正しく関連付けられていないのである。

そこで、水波投影機を用いた実験動画を付与し、この典型的な図と動画との関係を考えさせる問題とした。動画を用いることで、実際の現象と典型的な図を関連付けることができる力を、PBTよりも、より適切に評価することができると考えた。なお、本問題では数値計算を伴うが、計算力は問わないこととし、電卓を付した。

解答・解説

(1) 問題の画像に組み込まれている角度と長さを測るツールを用いる。**図3.13.2 (a)** に示すように、一方の線分（AB）を境界線上に置き、これと90°をなすように残り点（C）を置き、境界線に対する法線（BC）を決める。続けて、**図3.13.2 (b)** に示すように、入射波の波面と垂直になるように点（A）を移動して点（A′）とし、法線となす角（∠A′BC）を読み取る。この例では54°と読み取れる。

(2) 屈折角を (1) と同様にして求めると41°を得る。

(3) $n = \dfrac{\sin 54°}{\sin 41°} = 1.2$（三角関数表より）

(4) **図3.13.3**に示すように、一方の線分（DE）を入射波面上に移動し、他方を入射波面と直交する方向にのばしていき、波面間隔10個のところへ端点（F）を移動する。長さが 12 cm と表示されるので、波長 = 12 cm/10 = 1.2 cm を得る。

(5) 動画より、波面が10波長進むのに要する時間は $((241 - 65)/300)$ s となることがわかる。1波長進む時間は、$(241 - 65)/300$ s × 1/10 = 0.0587 s
したがって、速さは $v = 1.2$ cm/0.0587 s = 20.4⋯ cm/s ≒ 20 cm/s

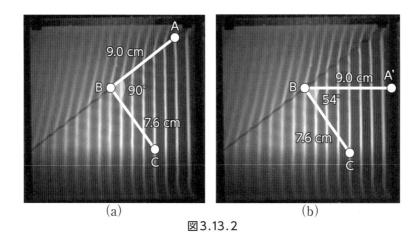

図3.13.2

(6) 振動数は $f = v/\lambda$ より、

$f = (20.4 \text{ cm/s})/(1.2 \text{ cm}) = 17 \text{ Hz}$

【正答例】

(1) 54°　　(2) 41°　　(3) 1.2

(4) 1.2 cm　　(5) 20 cm/s　　(6) 17 Hz

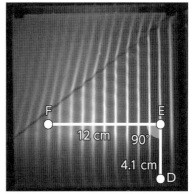

図3.13.3

実験撮影の情報

　実験撮影には、水波投影機、バイブレーター、バイブレーター用スタンド、反射・回折・屈折用具一式を用いた。

　水面波の屈折動画の作成に当たっては、実験解説書[1]を参照し、撮影にはハイスピード撮影が可能なカメラを用いて、撮影速度300 fps（512×384 pixels）で撮影した。

　図3.13.4は、同様の撮影方法による、波の反射の動画である。これを用いて、入射角と反射角を測定させ、反射の法則を問う問題等が考えられる。波の速さや波長、振動数についても同様に問うこともできる。

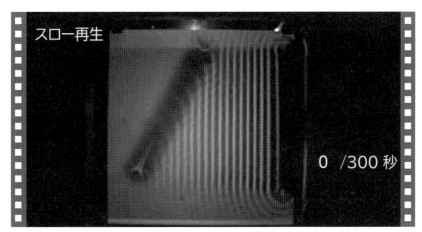

図3.13.4　波の反射に関する動画（10秒）

まとめ

　CBTにより動画を付与することが可能となり、実際の物理現象と教科書等の典型的な図解を関連付けることができる力をより適切に評価できる可能性がある。

参考文献

[1] 霜田光一（1973）.「波動の実験──波のふるまいにおける類似性──」, 講談社.

第3章 **3.2** 実時間や肉眼で見ることが難しい現象や変化

⑭ 水平投射、跳ね返り

> 自由落下や放物運動などを実際に観察しても一瞬にして終わってしまうので、肉眼による観察だけでは得られる情報が限られている。しかし動画を利用することで運動に関する多くの情報を引き出すことができる。本問題は、実験動画のスロー再生・一時停止による長さや時間等の計測から、必要な物理量を導くプロセスを評価する。

問題

　次の**動画**（22秒）は球（スーパーボール）をある高さから水平投射し、床と衝突して何度も跳ね返る様子を記録したものである。動画はスローモーション撮影によるもので、速さは実際の1/10である。球の位置は、球最下部の位置を鉛直方向の位置、球最左端を水平方向の位置とする。方眼は1マス2.5 cm×2.5 cmである。下の問い（(1)〜(5)）に答えよ。必要であれば電卓を用いても構わない。

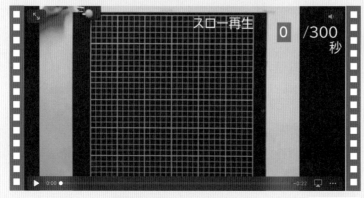

> この動画は1秒間に300フレーム（300fps）で撮影し、速度を1/10にしている。

動画（22秒）全660フレーム
※右上の表示時間は実時間：
　660 フレーム／（300 フレーム/秒）＝2.2 秒

(1) 球が床で1回跳ね返り、最高点に達したときの球の床からの高さはいくらか。

(2) そのときの水平方向の速さを求めなさい。

(3) 鉛直方向上向きを正としてy軸をとったとき、この実験での、球の速度のy成分と時刻tの関係を表すグラフとして最も適当なものを、次の①〜⑥のうちから一つ選びなさい。

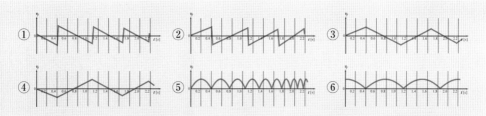

(4) 球と床とのあいだの跳ね返り係数 e は、球が床に衝突する直前の速さを v、直後の速さを v' としたとき $e = v'/v$ で与えられる。球と床の1度目の衝突から、跳ね返り係数を求めなさい。

(5) この実験動画から重力加速度の大きさを求めなさい。

問題の情報

科目	学習指導要領の内容	難易度	解答時間	評価の観点
物理	(1) 様々な運動	★★★	20分	知識　考察　表現

作題の趣旨

　本問題は、水平投射のスロー動画から得られた情報に基づいて位置や速度、重力加速度等を問うものである。

　自由落下や放物運動などの位置や時間、速度、はね返った後の最高点の高さ等を求める問題は、PBTでも標準・基本問題であり、本問題の各問いの内容自体に新規性はない。しかし、PBTでは、これらの問題に対して、単にそれらしい公式を思い出し、数値を代入するという、いわゆる plug and chug の問題解決方略を用いて解く生徒が一定数いる。そのような場合、その問題で測ろうとしている達成度を示しているとは言い難い。

　そこで、本問題では、スロー動画を組み込んで、動画から問われている運動をその場で視覚的に観察、把握させることを考えた。解答者が、動画の再生バーを操作することにより、再生、一時停止、巻き戻し／早送り、再生速度の上げ下げ等を繰り返しながら観察することも想定している。このような設定により、解答者が公式を思い出すことよりも、動画から問題解決のために必要な情報を引き出す手段とそのプロセスに着目しながら解答することを意図した。物理現象と数式との結びつきが希薄であったり、公式の丸暗記だけでは、これに対応することは困難であろう。なお、本問題では数値計算を伴うが、計算力は問わないこととし、電卓を付した。

解答・解説

　22 s 間の動画は、1/10倍速なので、実際の
経過時間は2.2 sである。動画は通常1 s間に
30フレーム（30 fps）で撮影した静止画像から
成るが、この動画は1 s間に300フレーム（300
fps）で撮影したもので、全部で660フレームか

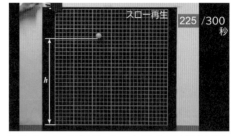

図3.14.1　動画のフレーム例（225/300秒）

ら成る。これが1 s間に30フレームずつ再生されるので、1/10倍速のスロー再生となる。

(1) 1回跳ね返った後に最高点に達するのは、**図3.14.1**に示す $225/300$ s $= 0.75$ s後で
　　あることがわかる。最高点の高さhは床からの方眼を数えて求める。

　　$h = 22.4 \times 2.5 \ \text{cm} = 56 \ \text{cm}$

(2) (1)で球が最高点に達する前後で水平方向の速度成分 v_x を求める。$206/300$ sから
　　$246/300$ sまでの$40/300$ sの間に水平方向に方眼2個分の5.0 cm進んでいるので

　　$v_x = \dfrac{5.0 \ \text{cm}}{\frac{40}{300} \ \text{s}} = 38 \ \text{cm/s}$ 　などと求める。

(3) 動画を再生し、観察される球の運動から、その速度のy成分－時間tグラフ（$v_y - t$
　　グラフ）がどのようになるかを考える。

(4) 球の最初の落下距離をh_0、1回跳ね上がったときの最高点の高さをhとすれば、
　　$e = v'/v = \sqrt{h/h_0}$ が成り立つ。hはすでに(1)で求めており、56 cmである。同様
　　にして方眼の数からh_0を求めると29.5×2.5 cm =73.8 cmとなる。
　　よって $e = \sqrt{56 \ \text{cm}/73.8 \ \text{cm}} = 0.87$ を得る。

(5) 水平方向に投射されてから、床に達するまでの時間をt、鉛直方向の落下距離をh_0と
　　すると、$h_0 = gt^2/2$より、$g = 2h_0/t^2$である。落下開始時刻が11/300 s、最初に床に
　　達する時刻が124/300 s、$h_0 = 73.8$ cmであるから

　　$t = \dfrac{124}{300} \ \text{s} - \dfrac{11}{300} \ \text{s} = \dfrac{113}{300} \ \text{s}$ 、 $g = \dfrac{2 \times 0.738 \ \text{m}}{\left(\frac{113}{300} \ \text{s}\right)^2} = 10 \ \text{m/s}^2$

　　を得る。自由落下する任意の2点間距離と、各点通過前後から求めたそれぞれの点に
　　おける落下速度から求めることもできる。

　　【正答例】 (1) 56 cm　　(2) 38 cm/s　　(3) ①　　(4) 0.87　　(5) 10 m/s²

実験撮影の情報

　動画の背景は1マス2.5 cmの方眼（30×30マス）をドローソフトで作成し、大判インク

78　第Ⅱ部 │ 第3章 │ CBTのためのデジタル問題事例

ジェットプリンターで印刷したものである。2.5 cmを選んだのは、動画画面から位置情報を読み取りやすくするための配慮であるが、画面全体が占める範囲や、カメラから被写体までの距離によって1マスの適切な大きさは当然異なる。撮影

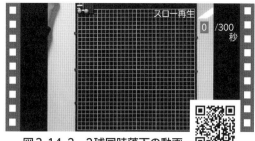

図3.14.2　2球同時落下の動画

時での、被写体までの距離は3 mほどであるが、距離が遠いほど画面のゆがみは小さくなる。画面のゆがみは方眼の読み取り誤差に影響するので注意しなければならない。

　一般向けビデオカメラは、30 fps（フレーム／秒）を中心に25 fps〜60 fpsでの撮影となるが、ハイスピード撮影が可能なカメラは、撮影速度を300 fps、600 fps、1200 fps等と選択することができる。本問題の動画は300 fps（512×384 pixels）で撮影した。

　図3.14.2は、同様の撮影方法による、2球同時に水平投射と自由落下をさせる実験動画である。ここでは、同時落下実験器を用いている。

アプリの情報（動画解析ソフト）

　本問題(3)の正答の$v_y - t$グラフは、動画解析ソフトPASCO Capstone©を用いて解析したものをトレースして作成した。Capstone©で$y - t$グラフを作成すると図3.14.3のようになる。フリーの動画解析ソフトを利用して作成することもできる。例えば、Tracker© [1]（ライセンス：GNU GPL）等がある。

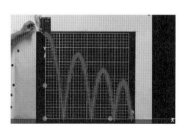
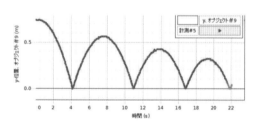

図3.14.3　動画解析ソフトによる$y - t$グラフの作成例

まとめ

　CBTには、実験動画から必要な情報を読み取り、要求されている物理量を求めるプロセスを適切に評価できる可能性がある。

参考文献

[1] Tracker Video Analysis and Modeling Tool for Physics Education (Web).（accessed 2023-9-30）.

第3章　3.2　実時間や肉眼で見ることが難しい現象や変化

15 薬品の保存方法に関わる性質

問題の特徴

　化学では、実際の反応を見て判断することが重要である。一方、化学の授業で取扱いに注意が必要な薬品を使った実験や、瞬時に進む変化、長時間かかる変化の場合、動画にしたり、スローモーションやタイムラプスによって時間変化させたりして、実際の反応の観察に準じた形や時間を延長・短縮した形で観察できる。反応全体を見通して、考察することを期待している。

問題

　次の各動画で示される物質A〜Eは、いずれも保存方法に注意が必要な物質である。それぞれの物質にはどのような性質があると考えられるか、下の①〜⑥のうちから一つずつ選びなさい。ただし、同じものを繰り返し選んでもよい。

物質A〔固体〕(2分37秒)

物質B〔固体〕(37秒)

物質C〔固体〕(23秒)

物質D〔液体〕(1分)

物質E〔液体〕(1分34秒)

① 風解性
② 潮解性
③ 自然発火性
④ 引火性
⑤ 禁水性（水と激しく反応する性質）
⑥ 腐食性

動画の主なフレーム

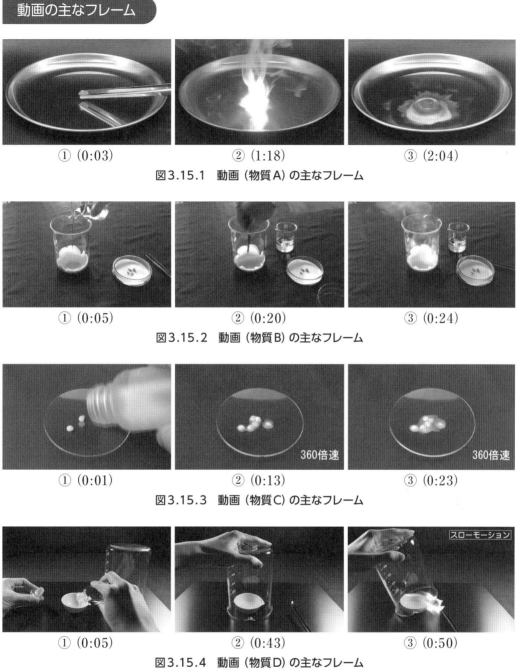

① (0:03)　　　　　② (1:18)　　　　　③ (2:04)

図3.15.1　動画 (物質A) の主なフレーム

① (0:05)　　　　　② (0:20)　　　　　③ (0:24)

図3.15.2　動画 (物質B) の主なフレーム

① (0:01)　　　　　② (0:13)　　　　　③ (0:23)

図3.15.3　動画 (物質C) の主なフレーム

① (0:05)　　　　　② (0:43)　　　　　③ (0:50)

図3.15.4　動画 (物質D) の主なフレーム

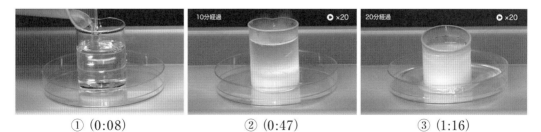

① (0:08)　　　　　② (0:47)　　　　　③ (1:16)

図3.15.5　動画 (物質E) の主なフレーム

科目	学習指導要領の内容	難易度	解答時間	評価の観点
化学	(3)（ア）㋐典型元素 (4)（ア）㋑官能基をもつ化合物	★★	12分	気付　実験　考察

作題の趣旨

　いろいろな物質の特徴的な変化のうち、取扱いに注意が必要な薬品を使った実験や、瞬時に進む変化、時間のかかる変化を動画で観察し、自然発火や潮解といった性質を読み取ることを問うとともに、各物質の保存方法について考える機会とする。

解答・解説

物質A：この動画では、燃焼皿に物質Aの小片を置き、空気中に放置するとしばらくは変化が見られないが、その後炎をあげて燃え上がることが観察される。外から加熱することなく、空気中で燃えだす自然発火性がこの物質の特徴的な性質と考えられる。なお、動画では物質Aとして黄リンを使用している。常温の空気中で自然発火するので水中に保存する。

物質B：この動画では、物質Bの小片を水で湿らせたろ紙上に置くと激しく反応することが観察される。水と激しく反応するため、水を避ける必要があることを示す禁水性がこの物質の特徴的な性質である。なお、動画では物質Bとしてナトリウムを使用しており、黄色い炎色反応もみられる。常温の水と反応するので石油中に保存する。

物質C：この動画では、物質Cの小片を空気中に放置しておくと徐々に液状となっていくことが観察される。動画で液状になっていく様子から判断すると、空気中の水分を吸収して徐々に溶けていると考えられる。したがって、この現象に対応する潮解性がこの物質の特徴的な性質である。なお、動画では物質Cとして水酸化ナトリウムを使用している。潮解性があるので密閉容器に保存する。

物質D：この動画では、物質Dを蒸発皿に入れ、ビーカーをかぶせてしばらく置いた後、炎を近づけると炎が燃え移ることが観察される。このように火源から燃え移る引火性がこの物質の特徴的な性質である。なお、動画では物質Dとしてジエチルエーテルを使用している。この物質は放置しておくと徐々に揮発して可燃性蒸気

となり、空気と混合し、炎や熱などの火源があると引火する。このような引火性物質は火気のないところで取り扱い、使わないときは密栓して冷暗所に保存する。

物質E：この動画では、物質Eをビーカー中に注ぎ放置しておくと、ビーカーのガラス表面で徐々に反応が起こり、やがてビーカーが壊れていくことが観察される。このようにガラスを腐食するのがこの物質の特徴的な性質である。なお、動画では物質Eとしてフッ化水素酸（55%）を使用している。この物質はガラス製容器に保存できないので、ポリエチレン製やポリプロピレン製などの容器に保存する。

【正答】物質A：③　　物質B：⑤　　物質C：②　　物質D：④　　物質E：⑥

まとめ

　化学実験動画の特長の一つとしては、取扱いに注意が必要な薬品を使う実験等が観察できることが挙げられる。黄リンの自然発火やナトリウムの水との反応、ジエチルエーテルの引火の動画などがこの例である。一方、低速度再生する動画や倍速再生する動画を用いて、リアルタイムでは観察できない現象をスローモーションで再現したりタイムラプスにより短時間で再現したりできることも実験動画の特長である。ジエチルエーテルの引火がスローモーションの、水酸化ナトリウムの潮解による変化やフッ化水素酸によるガラスの腐食がタイムラプスの例にあたる。

　CBTの問題として作成した化学実験動画は、いずれも授業での活用が期待される。化学では、実際の反応をみて判断することが重要であるが、それが難しい実験では、動画での学びでそれを補うことが考えられる。例えば、通常反応の全体像を見通すことができない場合、どうしても断片的な知識の詰め込みになりがちであるが、全体像を動画により観察することで、事物・現象の化学的な解釈や説明、さらには分析的、総合的な考察が、進めやすくなると考えられる。

第3章　3.2　実時間や肉眼で見ることが難しい現象や変化

⑯ 使い捨てカイロを使った実験

問題の特徴

　本問題は15時間以上の時間が必要な実験をタイムラプス動画により1分半程度で概要を観察できるようにしている。実験動画ではテキスト以上に多くの情報を読み取る必要があり、必要な情報の取捨選択が求められる。PBTでは測ることが困難な、観察・実験した結果を処理し、分析・解釈し、考察する力をこの問題では問うた。

問題

　使い捨てカイロ（以下、カイロとする）は、鉄粉、活性炭、水、塩類、保水剤などからなる発熱組成物を不織布などからなる内袋に入れ、さらに空気を通さない外袋でこの発熱組成物が入った内袋を密閉した構造になっている。到達温度や持続時間といったカイロの品質は、発熱組成物に含まれる物質の詳細や内袋の構造などによって変化するため、メーカー毎に様々な工夫がされている。

　カイロにおける内袋の役割について調べるため、以下に示す**実験1～5**を行った。**動画1～5**はそれぞれの実験の様子である。**動画1～5**をみて、以下の問い（（1）～（4））に答えなさい。

実験1：内袋の端をハサミで切り取り、温度計を入れたカイロ（カイロA）と、内袋に小さな穴を開けて温度計を入れセロテープで封をしたカイロ（カイロB)を用意し、それぞれの温度変化の様子を観察した。

動画1（3分1秒）

実験2：ゴム管を取り付けたガラス製のシリンジに<u>カイロを内袋ごと入れ</u>、ピストンを押してカイロを押し込んだ。ピストンをシリンジの100 mLの目盛りの位置まで引いて外気を取り込み、ゴム管をクリップで閉じてシリンジを密閉して静置し、シリンジ内の気体の体積変化を観察した。

動画2（3分51秒）

実験3：ゴム管を取り付けたガラス製のシリンジに<u>カイロの発熱組成物だけを取り出して入れ</u>、ピストンを押して内容物を軽く押し込んだ。ピストン

動画3（4分42秒）

をシリンジの100 mLの目盛りの位置まで引いて外気を取り込み、ゴム管をクリップで閉じてシリンジを密閉して静置し、シリンジ内の気体の体積変化を観察した。

動画4（3分33秒）

実験4：何も入れていないガラス製のシリンジを用いて、**実験2、3**と同様の実験を行った。

実験5：実験2の後、シリンジ内の残っている気体を、[（ア）]法で捕集し、[　　（イ）　　]。

動画5（2分2秒）

(1) 実験1のカイロAとカイロBの温度変化の違いについて、「到達温度」と「持続時間」の2点で比較し説明しなさい。

(2) 実験4を行った目的を説明しなさい。

(3) 実験5について、以下の問い（a～c）に答えなさい。
　　a　空所[（ア）]に当てはまる気体の捕集方法を次の①～③のうちから一つ選びなさい。　　①　上方置換　　②　下方置換　　③　水上置換
　　b　空所[（イ）]に適当な語句を補充して、**実験5**の方法を記しなさい。
　　c　**実験5**を行った目的を説明しなさい。

(4) 実験1～3の結果に触れながら、カイロの内袋の役割について説明しなさい。

動画の主なフレーム

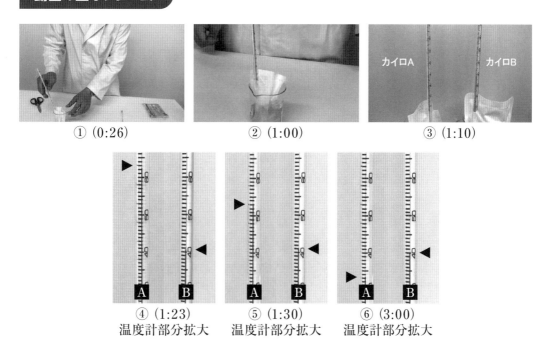

① (0:26)　　　　② (1:00)　　　　③ (1:10)

④ (1:23)　　　⑤ (1:30)　　　⑥ (3:00)
温度計部分拡大　温度計部分拡大　温度計部分拡大

図3.16.1　動画1の主なフレーム

① (0:13)　　　② (0:50)　　　③ (3:45)

図3.16.2　動画2の主なフレーム

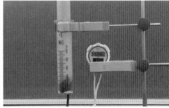

① (0:30)　　　② (1:38)　　　③ (2:05)

図3.16.3　動画3の主なフレーム

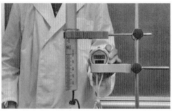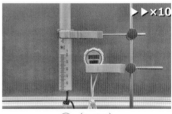

① (0:13)　　　② (0:35)　　　③ (3:31)

図3.16.4　動画4の主なフレーム

① (0:10)　　　② (0:34)　　　③ (1:50)

図3.16.5　動画5の主なフレーム

問題の情報

科目	学習指導要領の内容	難易度	解答時間	評価の観点
化学	(5)（ア）㋐様々な物質と人間生活	★★	25分	結果　考察　発展

本問題は、日常生活にある身近な「使い捨てカイロ」を題材とし、「使い捨てカイロ」の内袋にはどのような役割があるのかについて調べるための5つの実験動画を組み合わせた問題である。複数の実験結果を比較しながら、分析・解釈、考察する力を測る発展問題として作題した。

動画1の実験は15時間以上の観察が必要な実験であるため、タイムラプス動画（5.3参照）により1分半程度で概要を観察できるようにしている。同様に実験2～4もタイムラプス動画としているが、3分30秒～4分40秒と少し長い実験動画となっている。これは、解答者が必要な場面を選んだり、再生速度を変えたりする等の工夫をしながら解答することも想定している。

解答・解説

(1) **動画1**は内袋をあけて温度計を入れたカイロAと、内袋に小穴をあけ、温度計を入れたあとセロテープで封をしたカイロBを用意している。その後、カイロA、Bの温度変化を500倍速で15時間（動画内では約1分45秒間）観察している動画である。カイロAは急激に温度が上昇し、1時間後には62 ℃に達している。（最高温度は約64 ℃）一方、カイロBは1時間後も40 ℃に留まっている。その後、6時間が経過したあたりから、カイロAの温度は徐々に下降していき、15時間後には約33 ℃となった。一方、カイロBは15時間経過後も40 ℃を維持している。

【正答例】カイロAは64 ℃まで急激に上昇し、時間が経つと33 ℃まで下がった。一方、カイロBは40 ℃くらいの温度を長時間維持していた。

(2) **動画4**では、シリンジの中にカイロを入れていないため、30分が経過してもピストンの位置は100 mLから変化がない様子が観察される。実験4はいわゆる対照実験で、ピストンの位置が下がる原因として、ピストンの自重によってシリンジ内の空気が押され、ゴム管とのつなぎ目から空気が漏れてピストンの位置が下がることなども考えられるために行っている。

【正答例】気体の体積変化がカイロを入れたこと以外では起こらないことを示すため。

(3) 使い捨てカイロは発熱組成物中の鉄が空気中の酸素と反応するときに生じる熱を利用したものであり、実験2でシリンジ内の気体の体積が減少したのは、酸素が消費されたからであると考えられる。実験5（**動画5**）では実験2（**動画2**）の後、シリンジ内に

残った気体を水上置換法で試験管に捕集し、そこに火のついた線香を入れるという一連の操作を行っており、試験管に入れた線香の火が速やかに消えたことから実験2においてシリンジ内の酸素が消費されたことが確かめられる。

【正答例】a ③

　　　　b 火のついた線香を入れた。

　　　　c 実験2、3でシリンジ内の気体の体積が減少した原因が、酸素の消費であることを示すため。

(4) 実験2（動画2）では、計時開始からピストンの位置が徐々に下がり、約24分で84mLの位置に到達して、その後はほとんど変化しない。実験3（動画3）でも同様にピストンの位置が下がるが、その速度は実験2よりも大きい。実験5（動画5）よりピストン内の気体の体積の減少は酸素の消費によるものであるから、発熱組成物が内袋の中にある時（実験2）の方が発熱組成物が直接空気に触れている時（実験3）より穏やかに反応していることが分かる。これは、内袋によって酸素の通過量が少なくなったため、カイロの内袋内における酸素分圧が空気よりも低い状態となっており、単位時間あたりに酸化される鉄の量が減少したためであると考えられる。実際、使い捨てカイロの内袋は主に空気を通さない不織布からできており、これに無数の小さな穴が開いている。穴の大きさや数によって酸素の通過量を制御し、発熱温度や持続時間などを調整している。

【正答例】実験2、3の結果より、内袋があると、酸素の消費がゆっくりになる。また実験1より内袋があると、温度上昇が穏やかで長時間持続している。よって、内袋には、気体の通過量を制御し、適温を長時間継続させる役割がある。

題材（身近な製品）について

　使い捨てカイロを始め日常生活で使用している製品の中には、化学的に様々な工夫がなされているものがあり、これらを題材とした問題は、生徒の思考力や表現力の測定に加え、化学への関心を引き出すきっかけにもなり得る。一方で、多くの製品は複数の化合物を含む混合物であり、その組成は用途などに合わせてメーカー毎に異なる場合が多く、さらにそれらの配合率は公開されていないことがほとんどである。混合物を扱う実験や作問においては、複数の化学反応が競争的に起こっている可能性などについても十分に考慮し

なければならないだろう。使い捨てカイロを題材とした問題についても、混合物であるので、同様の注意が必要である。

まとめ

　動画問題のひとつの特徴として、実時間では観察が難しい現象を、再生速度を変更して提示することができることが挙げられる。本問題の**動画1**であれば、15時間以上の動画を1分半程度（500倍速）にしている。緩やかに反応する実験だと実時間ではほとんど変化が見られず、30分ごとや1時間ごとにインターバルで計測することになるが、タイムラプス動画（**5.3参照**）を用いると、インターバルでの計測に当たる静止画をつないで、動画にみせるため、変化がわかりやすく、短時間で観察することができる。

　なお、再生時間の長い動画を含める場合は、解答制限時間に、動画再生時間が含まれることに留意する必要がある。この点についても、通常の速度でみてほしい部分と微速度変化などタイムラプス動画でみてほしい部分を区別し、工夫して動画編集することにより再生時間を調整することが可能である。

参考文献

［1］日本カイロ工業会. 使いすてカイロについて.（閲覧日：2023年9月30日）.
［2］共栄社化学株式会社（2020）. 使い捨てカイロの秘密, 社報KYOEI, No.149, p.8.（閲覧日：2023年9月30日）.

第3章 3.3 モデル化

17 薬の成分の体内残量

問題の特徴

　事象から再帰関係を見いだして漸化式を立式し、最適解を求める問題。アプリによって観察される離散的な変化の特徴と漸化式とを関連付け、それをもとに最適値を求めることができるかを問う。

問題

　ある薬を毎日1回決まった時間に p mgずつ投与することになった。この薬は、1日間で、体内にある薬の量のうち 40% が体外に排出される。

　例えば、毎回10 mgずつ投与すると、2日目に投与した直後の体内の薬の量は、1日目に投与した直後の体内の薬の量 10 mgのうち 40% が体外に排出されているので、体内にある薬の量は

$$10×(1-0.4) + 10 = 16 \text{ mg}$$

である。以下の (1)、(2) に答えなさい。

(1) この薬を n 日目に投与した直後の体内の薬の量 a_n mg、その1日前に投与した直後の体内の薬の量 a_{n-1} mgとして、a_n を a_{n-1} と p を用いて表しなさい。

$$a_n = \boxed{} a_{n-1} + p$$

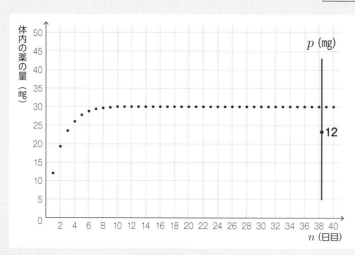

(2) 左の図は (1) の式で表される体内の薬の量の変化を表している。スライダーを動かすと投与する薬の量を変えることができる。

　この薬は体内に 44 mg〜45 mg 蓄積されていることが望ましいとされている。毎日投与する薬の量 p はどれだけが望ましいかを求めなさい。ただし、薬の量は mg の単位で整数値とする。

問題の情報

科目	学習指導要領の内容	難易度	解答時間	アプリの役割
数学B	(1) 数列	★	10分	方略

作題の趣旨

　漸化式は、再帰関係にある事象の変化を捉える上で有効である。しかしながら、高等学校数学科の学習においては、生徒自身が漸化式を立式することよりも、与えられた漸化式から一般項を求めることに重点が置かれがちである。そこで、漸化式を立式できるか、図から変化の様子を読み取り、漸化式と関連付けて最適値を求めることができるかを評価する問題を作成した。

解答・解説

(1) 問題に示された条件より、$a_n = 0.6\,a_{n-1} + p$

(2) 図3.17.1 の左図より、$p = 18$ のとき、数列 $\{a_n\}$ は条件の範囲内で安定すると考えられる。そのとき $a_n = a_{n-1}$ とみなすと、(1) より、$a_n = 0.6\,a_n + 18$ が成り立つ。このとき、$a_n = 45$ になっている。同様に、$p = 17$ のときを求めると、$a_n = 42.5$ となり、44 mg〜45 mg にならない。

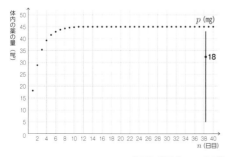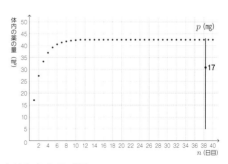

図3.17.1　p を変化させたときのグラフ

別解：（極限について未習であることを想定）

$a_n = 0.6\,a_{n-1} + p$ は、$a_n - 2.5p = 0.6(a_{n-1} - 2.5p)$ と変形できるので、

$a_n - 2.5p = 0.6^{n-1}(a_1 - 2.5p)$

$a_n = 0.6^{n-1}(10 - 2.5p) + 2.5p$

n の値が大きくなると、0.6^{n-1} の値は小さくなるので、

$$44 \leqq 2.5p \leqq 45$$

$$17.6 \leqq p \leqq 18$$

【正答】 (1) $a_n = 0.6\,a_{n-1} + p$　 (2) 18 mg

考察

大学入試問題の中には、マルコフ過程の単純な場面において、確率漸化式を立式するものがある。例えば、次のような問題がある。

> 2つの粒子が時刻 0 において、△ABCの頂点Aに位置している。これらの粒子は独立に運動し、それぞれ 1 秒ごとに隣の頂点に等確率で移動していくとする。たとえば、ある時刻で点Cにいる粒子は、その 1 秒後には点Aまたは点Bにそれぞれ $\frac{1}{2}$ の確率で移動する。この 2 つの粒子が、時刻 0 の n 秒後に同じ点にいる確率 $p(n)$ を求めよ。
> （京都大学（理）2014）

このような問題を、漸化式の立式や事象と漸化式を関連付けて考察する資質・能力の育成を目標に、アプリや表計算ソフトの利用を前提に授業で扱うことが考えられる。それは、『数学Ⅲ』を履修しない生徒にとって、数列の極限について知り、考察するよい機会ともなる。

まとめ

学習指導要領では、『数学B』「(2) 数列」のイ、すなわち、思考力、判断力、表現力等として、「(イ)事象の再帰的な関係に着目し、日常の事象や社会の事象などを数学的に捉え、数列の考えを問題解決に活用すること。」を身に付けられるように指導することとされている。この目標の達成に向けては、事象の再帰的な関係に着目し、事象の変化を漸化式で表すことができるようにすることが一つの鍵となる。

実際、日常生活や社会の事象に関する問題場面では、連続的な変化を離散的にみたり、

再帰関係を仮定したりして漸化式による数学的モデルを作成し、予測や意思決定に役立てることがある。一般項が容易に求められる漸化式になるとは限らなく、そのような場合には、本問題のアプリあるいは表計算ソフト等を用いた再帰計算により大まかな変化の様相をとらえ、その変化の背景を漸化式に戻って考えることが有効な場合がある。その際には、整数値をとらない事象で小数をどう扱うかなど、事象に照らした批判的な検討が必要であり、そのような資質・能力も含めて育成したい。また、与えられた漸化式の一般項を求めること、しかも特殊な解法を覚え、適用させるような学習指導だけでは、このような資質・能力は育成できないことが容易に想像できる。

—— COLUMN ——

　この問題では、薬物の血中濃度を離散的に捉えているが、実際は連続的な変化である。この連続的な変化は、薬物動態学の「薬物速度論」では微分方程式によってモデル化される。例えば、薬物動態を最も簡単に表した「1-コンパートメントモデル」というモデルがある。このモデルは、①体内において薬物が均一に分布する、②体内からの消失速度は薬物の濃度（主に血中濃度）に比例する、の2つが前提となっている。したがって、静脈に急速投与すると、①より投与量 X_0（mg）が瞬時に体内全体に広がり、②から消失速度定数kにしたがって体内から消失すると考えられるので、任意の時点 t での体内の薬物量を X とすると、$\frac{dX}{dt} = -kX$ で表される。この微分方程式の解は、$X = X_0 \cdot e^{-kt}$ であるので、任意の時点 t での薬物の血中濃度 C（mg/L）は、薬物量 X を分布容積で除したものであるから、初期濃度を C_0（mg/L）とすると、$C = C_0 \cdot e^{-kt}$ となる。これにより、薬物の血中濃度は指数関数的に減少することがわかる。

　このモデルを用いて、静脈への急速投与の反復投与を考える。同一投与量 X_0（mg）を一定間隔 τ で投与していく場合について、投与前後の血中濃度をそれぞれ求めることができる。例えば、n 回目の投与直後の血中濃度 C_n は、

$$C_n = C_0 + C_0 \cdot e^{-k\tau} + C_0 \cdot e^{-k(2\tau)} + C_0 \cdot e^{-k(3\tau)} + \cdots + C_0 \cdot e^{-k(n-1)\tau} = C_0 \cdot \frac{1 - e^{-nk\tau}}{1 - e^{-k\tau}}$$

である。また、$n+1$ 回目の投与直前の血中濃度は $e^{-k\tau} \cdot C_n$ と表せる。投与回数 n を十分大きくとった場合、すなわち、$n \to \infty$ のとき、一定の範囲内で $C_0 \cdot \frac{1}{1 - e^{-k\tau}}$（最大）と $e^{-k\tau} \cdot C_0 \cdot \frac{1}{1 - e^{-k\tau}}$（最小）を繰り返して上下するような定常状態に達する。

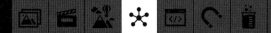

第3章　3.3　モデル化

⑱ 線形計画法

問題の特徴

　いくつかの一次不等式を満たす条件下における最適解を求める、線形計画法の問題。領域を図示したり直線の交点の座標を求めたりすることはアプリで行い、領域内の特定の点の意味を問題場面や立式した不等式と関連付けて解釈し、最適解を求めることができるかを問う。

問題

　米国在住のひろこさんとめぐみさんは、二人で造花A、Bの製作キットを販売する会社を起業したいと考えている。これらの造花キットには花と葉のパーツがあり、花のパーツはひろこさんが、葉のパーツはめぐみさんが担当する。

　二人が作業できる時間はそれぞれ1日のべ7時間と5時間である。二つの造花A、Bの製作キットそれぞれについて、製作キット1個あたりの花や葉を作るのに必要な時間および利益は、次の表のようになる。以下の問いに答えなさい。

	花の作業時間（時間）	葉の作業時間（時間）	利益（ドル）
A	0.5	1	8
B	1.5	0.75	20

(1) Aの製作キットをx個、Bの製作キットをy個製作するときの、利益をMとする。下の作業時間に関する不等式と、利益Mに関する式を完成しなさい（値は整数値で、係数が1の場合でも省略せずに1としなさい）。

$$\text{ひろこ：}\boxed{}\,x+\boxed{}\,y\leqq\boxed{}$$

$$\text{めぐみ：}\boxed{}\,x+\boxed{}\,y\leqq\boxed{}$$

$$\text{利益M：}\boxed{}\,x+\boxed{}\,y=\text{M}$$

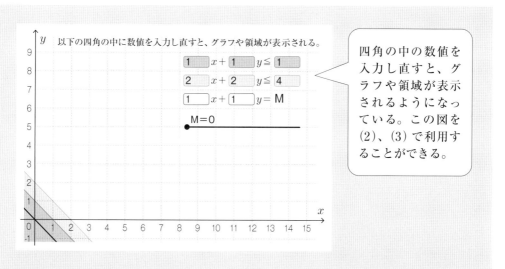

以下の四角の中に数値を入力し直すと、グラフや領域が表示される。

$\boxed{1}\,x+\boxed{1}\,y\leqq\boxed{1}$

$\boxed{2}\,x+\boxed{2}\,y\leqq\boxed{4}$

$\boxed{1}\,x+\boxed{1}\,y=M$

M＝0

四角の中の数値を入力し直すと、グラフや領域が表示されるようになっている。この図を(2)、(3)で利用することができる。

(2) 利益Mの最大値を求めなさい。

(3) ひろこさんが1日のべ6時間しか作業できず、また、Bの製作キット1個あたりの利益が30ドルの場合の、利益の最大値を求めなさい。ただし、小数点以下を切り捨てて整数値で答えなさい。

問題の情報

科目	学習指導要領の内容	難易度	解答時間	アプリの役割
数学Ⅱ	(1) 図形と方程式	★	10分	処理

作題の趣旨

　線形計画法に関わる問題は、従来から『数学Ⅱ』の「図形と方程式」の活用問題として多くの教科書に掲載されている。現実場面の文脈では不等式の係数の値が大きくなりがちなため、条件を満たす領域を図示する際に、複数の直線間の関係を誤ってしまう生徒も散見される。このことが線形計画法の理解を阻害することになっている。また、そのことを反映してか、教科書に掲載されている問題は図示しやすい設定になっている場合もある。このことは数学的モデルから得られた結果を事象に照らして解釈・評価する資質・能力の育成の機会を逸することにつながる。

　そこで、入力された不等式を満たす領域の図示や直線の交点の座標はアプリによって得られるようにし、領域内の特定の点の意味を問題場面や立式した不等式と関連付けて解釈し、最適解を求めることができるかを評価する問題を作成した。

提示された条件を不等式に表し入力をすると、**図3.18.1**のように表示される。また、(3) については、**図3.18.2**のように表示される。

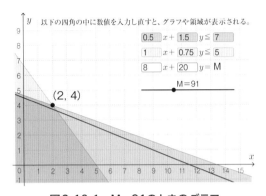

図3.18.1　M＝91のときのグラフ

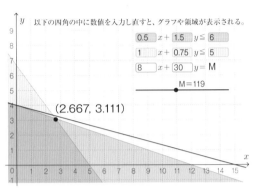

図3.18.2　M＝119のときのグラフ

2つの不等式を同時に満たす領域（境界を含む）を直線 $8x + 20y = M$、$8x + 30y = M$ がそれぞれ通過する場合に、Mの値が最大になるのはどのようなときかを探る。

(1) ひろことめぐみそれぞれについて、作業時間の不等式を立式する。

(2) 直線 $0.5x + 1.5y = 7$ と $1x + 0.75y \leqq 5$ の交点（2, 4）を、直線 $8x + 20y = M$ が通るとき、Mの値が最大となる。

(3) 直線 $8x + 30y = M$ が点（0, 4）を通るとき、Mの値が最大となる。

　【正答】（1）ひろこ：$0.5x + 1.5y \leqq 7$　めぐみ：$1x + 0.75y \leqq 5$

　　　　　　利益M：$8x + 20y = M$

　　　（2）96ドル　　（3）120ドル

さらに、「二人が作業できる時間をそれぞれ1日のべ8時間と5時間」とし、作業時間と利益を**表3.18**のように変更する場合を考えさせる。

表3.18

	花の作業時間（時間）	葉の作業時間（時間）	利益（ドル）
A	0.6	1	8
B	1.4	0.65	20

このときの領域は**図3.18.3**のようになる。図中の点Q、R、Sは本問題でのアプリでは自動的に表示されないので、自ら見いだす必要がある。このことから、生徒の、領域内

の特定の点の意味を問題場面や立式した不等式と関連付けて解釈し、最適解を求める様相を一層顕在化することができる。

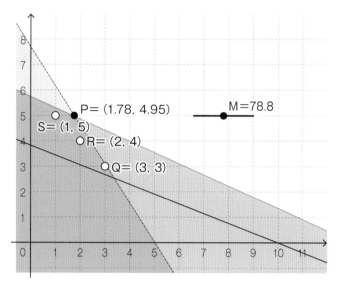

図3.18.3　条件変更したときのグラフ

　このように、当初の問題から条件が変わったという設定にすることで、「問題解決の過程を振り返って考察を深めたり、評価・改善したりしようとする態度」（学習指導要領の数学科の各科目の(3)）の育成に資する活動となる。

まとめ

　学習指導要領では、『数学Ⅱ』「(2)図形と方程式」のイ、すなわち、思考力、判断力、表現力等として、「(イ)数量と図形との関係などに着目し、日常の事象や社会の事象などを数学的に捉え、コンピュータなどの情報機器を用いて軌跡や不等式の表す領域を座標平面上に表すなどして、問題解決に活用したり、解決の過程を振り返って事象の数学的な特徴や他の事象との関係を考察したりすること。」を身に付けられるように指導することとされている。問題解決に活用するには、コンピュータなどによって得られる結果を問題場面や式と関連付けて解釈する資質・能力が鍵となる。このような資質・能力の様相を適宜評価し、生徒にフィードバックしていくことも大切である。

　なお、表計算ソフトには、条件を満たす最適値を求める機能（例えば、ソルバー機能）がある。本問題のようにグラフをもとに最適値を求める経験をしておくことは、そのような機能の「ブラックボックス」化を避けることにもつながる。

第3章 3.3 モデル化

🅵 気体分子の運動

問題の特徴

　様々な条件下での気体分子のアニメーション動画を提示することにより、気体の状態変化（定積変化、定圧変化、等温変化、断熱変化）の仕組みを、気体分子の運動を観察することで考えさせる問題となっている。アニメーションを用いた問題などは、CBTだからこそ出題可能である。

問題

　次の問い（(1)〜(4)）に答えなさい（問題文中の色は、動画での色を示している）。

(1) 以下の四つのグラフは、縦軸を圧力（p）、横軸を体積（V）として、ある気体の状態変化を矢印線で表現した p-V グラフである。曲線（点線）は同一温度を示す。

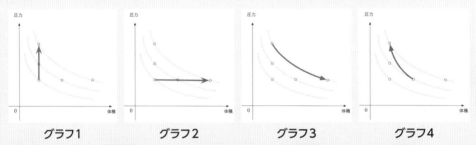

| グラフ1 | グラフ2 | グラフ3 | グラフ4 |

　以下の四つのアニメーション動画（**動画1〜動画4**）は、シリンダー内の気体を様々な状況下で状態変化させたときの様子を、気体分子の動きとともに、模式的に示した動画である。なお、気体の色が明るい赤色の時ほど高温を示し、緑の矢印の長さは、気体がシリンダー内の壁に及ぼす力の大きさを表している。また、**動画4**のシリンダーを覆っている灰色の線は断熱材を模している。それぞれの動画の状態変化は、上の p-V グラフのいずれに対応するかを選択しなさい。

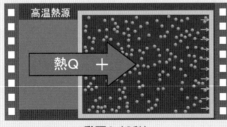

動画1（8秒）

☐ グラフ1
☐ グラフ2
☐ グラフ3
☐ グラフ4

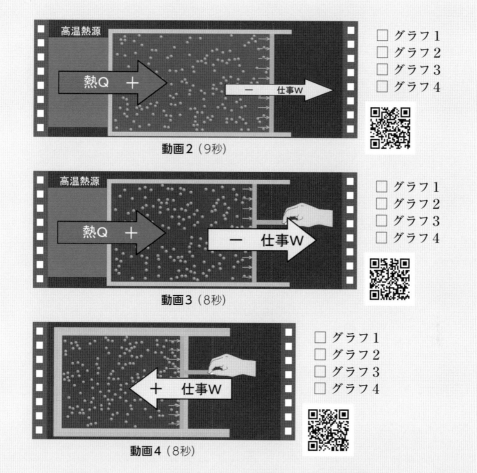

動画2（9秒）

□ グラフ1
□ グラフ2
□ グラフ3
□ グラフ4

動画3（8秒）

□ グラフ1
□ グラフ2
□ グラフ3
□ グラフ4

動画4（8秒）

□ グラフ1
□ グラフ2
□ グラフ3
□ グラフ4

(2) 上記、**動画1**の気体の状態変化を説明すると、次のように表現できる。「気体の体積が一定のもとで熱が加えられることにより、気体の内部エネルギーが増加し、気体の温度も上昇する。したがって、分子の平均の速さが大きくなる。一方、体積は一定なので、単位時間あたりに分子が壁に衝突する回数が多くなり、気体の圧力が上昇する。」

これにならい、**動画2〜動画4**の気体の状態変化を説明するために、説明文の空欄に当てはまる適切な語句を、末尾の解答群から選んで、ドラッグ・アンド・ドロップにより埋めなさい。その際、白の空欄には白の解答群から、灰色の空欄には灰色の解答群から選ぶこと。ただし、同じものを繰り返し選択してもよい。なお、気体にする仕事については、気体の内部エネルギーが増加する場合を、正の仕事と定義する。

〔**動画2**〕気体に熱が加えられることにより、気体の内部エネルギーが ◻ し、気体の ◻ が上昇する。したがって、気体の分子の平均の速さが ◻ なる。しかし、単位時間あたりの分子が壁に衝突する回数が変化しないように、気体の ◻ が大きくなることにより、気体の ◻ は変化しない。

解答群： 圧力 　 熱 　 体積 　 密度 　 温度

大きく 　 小さく 　 増加 　 減少

〔**動画3**〕気体に加えられる ◻ と同じだけ、手で気体に対して ◻ の仕事をすることにより、気体の内部エネルギーと ◻ は不変となる。つまり、気体の分子の平均の速さは変化しないが、気体の ◻ が大きくなることにより、単位時間あたりの分子が壁に衝突する回数が ◻ し、気体の ◻ は小さくなる。

解答群： 温度 　 圧力 　 熱 　 体積 　 密度

負 　 正 　 減少 　 増加

〔**動画4**〕気体に ◻ は加えられないので、手で気体に対して ◻ の仕事をすることにより、気体の内部エネルギーが ◻ し、気体の温度も上昇する。したがって、分子の平均の速さが大きくなり、加えて、体積も小さくなっていることから、単位時間あたりに分子が壁に衝突する回数が ◻ し、気体の ◻ が大きくなる。

解答群： 圧力 　 熱 　 体積 　 温度 　 密度

負 　 正 　 減少 　 増加

動画の主なフレーム

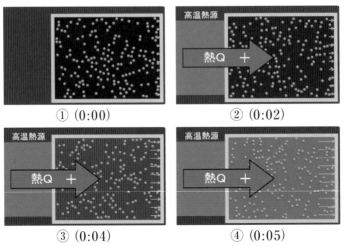

図3.19.1　動画1の主なフレーム

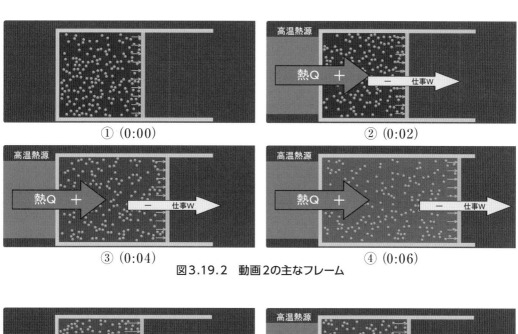

① (0:00) ② (0:02)

③ (0:04) ④ (0:06)

図3.19.2 動画2の主なフレーム

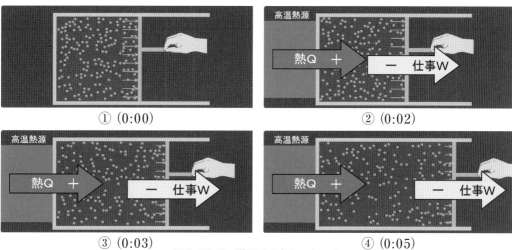

① (0:00) ② (0:02)

③ (0:03) ④ (0:05)

図3.19.3 動画3の主なフレーム

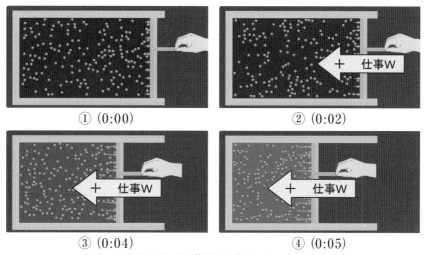

① (0:00) ② (0:02)

③ (0:04) ④ (0:05)

図3.19.4 動画4の主なフレーム

科目	学習指導要領の内容	難易度	解答時間	評価の観点
物理	(1)（オ）気体分子の運動	★★	10分	知識 気付 考察

作題の趣旨

　様々な条件下での気体分子のアニメーション動画を提示することにより、気体分子の運動を観察することで、気体の状態変化（定積変化、定圧変化、等温変化、断熱変化）を考えさせ、熱力学第一法則を理解させることを趣旨とした問題である。具体的には、アニメーション中の情報から、体積、圧力、温度の何が一定であるかを把握し、熱を加えたり、仕事をしたりすることにより気体分子の動きがどのように変化しているのかを把握することで、状態変化を理解することを期待している。

解答・解説

(1) アニメーション動画（**動画1〜動画4**）とグラフの対応関係は次のとおりである。

　　動画1：シリンダーの体積が変化していないことに気づけば、定積変化のグラフ1に対応していることが容易にわかる。

　　動画2：熱が加えられることにより、シリンダーの体積は変化しているが、緑の矢印の大きさが変化していないことから圧力が一定であることに気づけば、定圧変化のグラフ2に対応していることが容易にわかる。

　　動画3：熱が加えられ、負の仕事をすることで、シリンダーの体積が増え、圧力も小さくなっているが、シリンダー内の温度を表す色が変化しないことに気づけば、等温変化のグラフ3に対応していることが容易にわかる。

　　動画4：灰色の断熱材に覆われているので断熱変化であり、体積、圧力、温度がいずれも変化していることからグラフ4に対応していることが容易にわかる。

　　【正答】動画1：グラフ1　動画2：グラフ2　動画3：グラフ3　動画4：グラフ4

(2) 解説と正答を合わせて以下に記述する。

　　動画2：気体に熱が加えられることにより、気体の内部エネルギーが ｜増加｜ し、気体の ｜温度｜ が上昇する。したがって、気体の分子の平均の速さが ｜大きく｜ なる。しかし、単位時間あたりの分子が壁に衝突する回数が変化しないように、気

体の | 体積 | が大きくなることにより、気体の | 圧力 | は変化しない。

動画3：気体に加えられる | 熱 | と同じだけ、手で気体に対して | 負 | の仕事をすることにより、気体の内部エネルギーと | 温度 | は不変となる。つまり、気体の分子の平均の速さは変化しないが、気体の | 体積 | が大きくなることにより、単位時間あたりの分子が壁に衝突する回数が | 減少 | し、気体の | 圧力 | は小さくなる。

動画4：気体に | 熱 | は加えられないので、手で気体に対して | 正 | の仕事をすることにより、気体の内部エネルギーが | 増加 | し、気体の温度も上昇する。したがって、分子の平均の速さが大きくなり、加えて、体積も小さくなっていることから、単位時間あたりに分子が壁に衝突する回数が | 増加 | し、気体の | 圧力 | が大きくなる。

動画の情報

　気体の温度の上昇、内部エネルギーの増加により、気体分子の速さが大きくなることが視覚的に理解することができる。また、気体の圧力は壁の単位面積あたりに加わる力であるが、その力は気体分子が壁に衝突することよる単位時間あたりの力積、つまり運動量の変化に依存する。したがって、気体分子の速さの変化により、単位時間あたりに壁に衝突する回数が圧力に関係するということを、アニメーションにより視覚的に理解できるものと期待される。本問題では、中村加津雄氏が開発したものを、許可を得て利用した[1]。

まとめ

　高等学校学習指導要領には、気体の分子運動について「気体分子の運動と圧力との関係について理解すること」「気体の内部エネルギーについて、気体分子の運動と関連付けて理解すること」「気体の状態変化に関する実験などを行い、熱、仕事及び内部エネルギーの関係を理解すること」との記述がある。気体分子の運動を質点の運動によりモデル化し、熱の流入、仕事による分子の速度の変化や圧力の変化などがアニメーション動画により視覚的に把握でき、直感的な理解につながると期待され、実験の補完にもなる。

参考文献

[1] 中村加津雄. 「高校物理ICT教材」（Web）. （閲覧日: 2023年9月30日）.

第3章　3.3　モデル化

⑳ シス−トランス異性体

問題の特徴

　有機化合物の性質は、その分子の立体構造の影響を受ける。しかし、問題に取り組む場面で分子模型を使用することは現実的ではない。そこで、解答者が分子の3Dモデルを画面上で自由に操作（回転、拡大、縮小）しながら取り組むことのできる問題を提案した。

問題

　炭素原子間に二重結合が存在する場合、この二重結合の周りの自由回転が束縛されるため、置換基の配置による異性体が生じることがある。このような異性体をシス−トランス異性体（幾何異性体）という。たとえば、ジクロロエチレン（ジクロロエテン）$C_2H_2Cl_2$の場合、**図1**左がシス形、右がトランス形である。

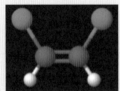 

◯：水素原子
●：炭素原子
◯：塩素原子

シス−1，2−ジクロロエチレン　　トランス−1，2−ジクロロエチレン
図1

　この二つの物質の性質を見てみると、沸点はシス形（60 ℃）がトランス形（48 ℃）より高い。また、シス形は水に可溶（5.1 g/L）であるが、トランス形は不溶である。

(1) 下線部について、このような性質の違いが生じるのはなぜか。その理由を簡潔に書きなさい。

(2) **図2**は2−ブテンの分子構造の一つである。この構造のシス−トランス異性体であるものをすべて選んでいる組合せとして正しいものを、次ページの①〜⑦のうちから一つ選びなさい。

◯：水素原子
●：炭素原子

図2 【3Dモデル】（自由に動かすことができる。また、拡大縮小もできる。）

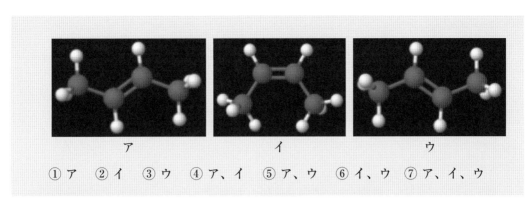

① ア　② イ　③ ウ　④ ア、イ　⑤ ア、ウ　⑥ イ、ウ　⑦ ア、イ、ウ

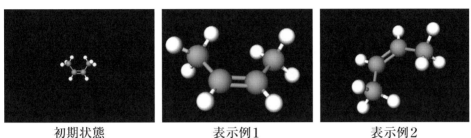

初期状態　　　　　　表示例1　　　　　　表示例2

図3.20.1　図2の3Dモデルの表示例

(3) 次の化合物は植物精油成分の一つである。この構造式で示される化合物にはシス-トランス異性体はいくつあるか。下の①〜⑧のうちから一つ選びなさい。

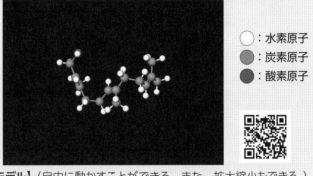

◯：水素原子
◖：炭素原子
●：酸素原子

図3 【3Dモデル】（自由に動かすことができる。また、拡大縮小もできる。）

① 存在しない　②2　③3　④4　⑤5　⑥6　⑦7　⑧8

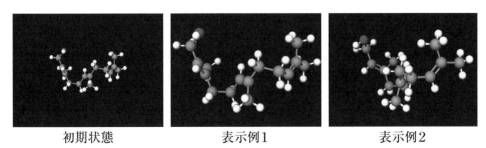

初期状態　　　　　　表示例1　　　　　　表示例2

図3.20.2　図3の3Dモデルの表示例

科目	学習指導要領の内容	難易度	解答時間	評価の観点
化学	(4)（ア）㋐炭化水素	★★	10分	知識 実験 考察

作題の趣旨

　有機化合物の性質は、構造式で判断するのが一般的であるが、より正確にはその立体構造を考慮する必要がある。そこで、分子の立体構造から物質の性質を考えたり、立体異性体を判断したりする問題を作成した。

解答・解説

(1) 1, 2−ジクロロエチレンにはシス形とトランス形が存在する。シス形は分子全体で極性が打ち消されないため、極性分子に分類される。したがって、沸点もトランス形に比べて高くなる。一方、トランス形は分子全体で極性が打ち消されるため、無極性分子に分類される。したがって、沸点もシス形に比べて低くなる。

　　【正答例】シス形は極性分子であり、分子間に極性による引力がはたらくが、　トランス形は無極性分子であり、分子間に主にはたらく力はファンデルワールス力であるため。

(2) ア、イ、ウはいずれも分子式が C_4H_{10} である。**図2**で、炭素原子間の二重結合を軸として回転させると選択肢のイになる。したがって、両者は同一構造のシス形である。アとウは同一構造のトランス形で、**図2**の構造のシス−トランス異性体である。アとウが同一構造であることは、MolView等で確認してみるとよい。　→

　　【正答】　⑤

(3) **図3**の3Dモデルから、この化合物の二重結合は3つある。その中で、シス−トランス異性体となる二重結合は2つである。よって、（2 × 2 ＝）4つある。

　　【正答】　④

アプリの情報（分子構造3Dモデル）

　3Dモデルの作成に当たっては、構造式から分子の3Dモデルを作成することのできるWebアプリケーションである「MolView」（ライセンスAGPL）を利用した。本問題

の (2) で取り上げた 2-ブテンのような簡単な化合物であれば、検索して利用することができる。高等学校化学で取り上げる化合物であれば、概ね検索可能である。また、問題例 (3) のような複雑な化合物であっても、サイト上で自分で作成することができる。(HTMLへの組み込み方は、**5.5**で後述)。電子黒板等を利用すれば教員が自由に回転、拡大等もできるため、授業で利用することも考えられる。

考察

「化学」では、身の回りの自然現象（マクロな視点）を、原子・分子・イオンといった粒子（ミクロな視点）で考えることが重要である。そのため、分子や結晶の構造を立体的に捉えることは、化学において重要な要素の一つと考えられる。高等学校化学の教科書でも金属の結晶格子や有機化合物の異性体、タンパク質の高次構造などが取り上げられている。一方、分子構造等を立体的に考えることは生徒にとってハードルが高く、苦手にしている生徒も多い。

そこで、生徒が分子構造を十分に理解しているのか、できるだけ他の要素を排除して測るために、タッチパネルPCやタブレット端末で分子構造の3Dモデルを表示することを提案する。こういった方法は、測りたい解答者の能力に焦点化した問題を作成するための一つの例となり得る。また、紙媒体での表記と分子模型のみでの学習に3D分子モデルで観察することが加わると、分子構造などの理解の助けにもなるであろう。

問題例 (3) は大学入試センター試験 (2016年本試験第4問問4) の問題を題材とし、構造式を3Dモデルに置き換えたものである。炭素原子間の二重結合は回転できないため、その二重結合を挟んだ原子もしくは原子団の配置によりシス-トランス異性体が存在する。そのことを3Dモデルで観察した経験があると、構造式からでも容易に判断できるであろう。

まとめ

CBTによりPBTでは不可能である「解答者が分子モデルを操作しながら解答する」ことが可能となる。加えて、解答者はMolViewのような構造式エディタでの3Dビュワーを利用することにより分子の立体構造をより具体的にイメージしながら解答することができる。分子等の立体構造が物質の性質に大きく影響することを考えると、化学を学ぶ上での重要な視点でもある。

第3章　3.4　試行の繰り返し

21 玉の取り出しの逆問題

問題の特徴

典型的な袋の中から玉を取り出す問題の逆問題が出題可能

袋に入っているそれぞれの
玉の個数（例：赤玉3個、
緑玉2個、青玉1個）

紙 →
← コンピュータ

特定の色の組合せが出る確
率（例：2個とも赤玉になる
確率）

問題

　赤玉、緑玉、青玉合わせて12個が一つの袋に入っている。以下では、この袋の中から2個の玉を同時に取り出す試行を続けて100回ずつ繰り返し行うことができる。袋の中に入っている赤玉、緑玉、青玉の個数はそれぞれ何個か求めなさい。

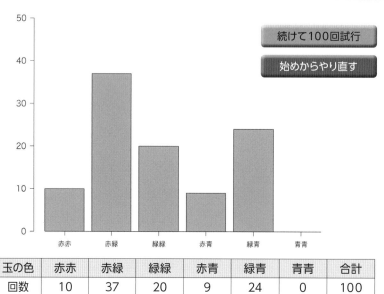

玉の色	赤赤	赤緑	緑緑	赤青	緑青	青青	合計
回数	10	37	20	9	24	0	100
割合	0.1	0.37	0.2	0.09	0.24	0	1

［続けて100回試行］のボタンをタップ（またはクリック）すると、100回まとめて試行することができ、試行結果がグラフと表に即時表示される。［続けて100回試行］のボタンをさらにタップすると、100回ずつ試行結果が加算されていき、［始めからやり直す］のボタンをタップすると100回から再度やり直すことができる。

科目	学習指導要領の内容	難易度	解答時間	アプリの役割
数学A	(2) 場合の数と確率	★★	10分	方略

作題の趣旨

　『数学A』の「(2) 場合の数と確率」において、論理的な確率及び頻度確率を扱うものとすることになっているが、当該内容における問題のほとんどは、論理的な確率に終始し、頻度確率を扱う問題は見かけることは皆無である。コンピュータにより、短時間で実際にシミュレーションを行うことが可能となるため、論理的な確率及び頻度確率の理解を確認するとともに、普段よく見かける題材の問題における逆問題となるように作題した。

解答・解説

　100回の試行を何回かすると、2個とも同じ色になる場合が3色とも起こり得ることがわかる。そこで、2個とも同じ色になる場合に着目すると、その頻度の割合は、「青青」「赤赤」「緑緑」の順に大きく、等しくなる場合はない。どの色も少なくとも2個あり、全部で12個であるので、(青, 赤, 緑) の個数の組合せは、(2, 3, 7), (2, 4, 6), (3, 4, 5) が考えられる。2000回程度試行すると、一番個数が多い緑が2個となる「緑緑」の頻度の割合は0.2〜0.25になることがわかる（実際には、2000回試行しなくてもおおよそ判断はできるであろう（考察参照））。緑が7個、6個、5個それぞれの場合について、2個とも緑になる理論的な確率を求めると

$$\frac{_7C_2}{_{12}C_2} = \frac{7}{22} = 0.318\cdots , \quad \frac{_6C_2}{_{12}C_2} = \frac{5}{22} = 0.227\cdots , \quad \frac{_5C_2}{_{12}C_2} = \frac{5}{33} = 0.151\cdots$$

となり、緑が6個であることがわかる。したがって、(青、赤、緑) の個数の組合せは (2、4、6) で、ここでは他の玉の組合せの理論的な確率が、試行結果である頻度の割合とほぼ合致することを確認することで、十分性の確認とすればよい。

　【正答】　赤玉：4個　緑玉：6個　青玉：2個

　以下の**図3.21.1**は、どれも100回の試行結果である。100回の試行では、各々の玉の色の組合せの頻度は安定しないが、試行回数を増やしていけば理論的な確率に近づいていく。数100回程度の試行では、誤差が大きいことが認識できる。

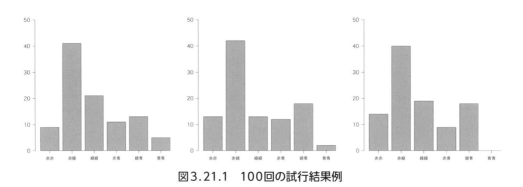

図3.21.1　100回の試行結果例

　無限回の極限まで試行するということはありえないであろうし、試行回数を増やせばいくら100回まとめて試行できるにしても、時間がかかる。何回くらい試行して、理論的な確率と比較すべきかを見極める。**図3.21.2**は、左から順に、500回、1000回、2000回試行した結果である。

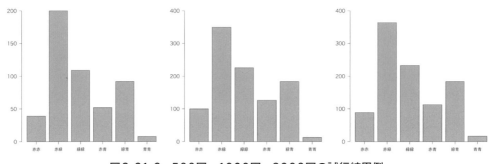

図3.21.2　500回、1000回、2000回の試行結果例

　この内容は、『数学B』の「(2) 統計的な推測」につながる。

　前出のとおり、袋の中の12個の玉から2個を取り出して、2個とも緑になる「緑緑」に着目すると、その理論的な確率は $\frac{{}_6\mathrm{C}_2}{{}_{12}\mathrm{C}_2} = \frac{5}{22} \fallingdotseq 0.227$ である。

　一般に、1回の試行で事象 A の起こる確率が p であるとき、この試行を n 回行う反復試行において、事象 A が起こる回数を X とすると、確率変数 X の確率分布は、二項分布 $B(n, p)$ に従う。二項分布 $B(n, p)$ は n が十分に大きいとき、平均 np、分散 $np(1-p)$ の正規分布に近づく。また、$Z = \frac{X-np}{\sqrt{np(1-p)}}$ は、近似的に標準正規分布に従う（ド・モアブル－ラプラスの定理）。

このことを使って、1000回及び2000回試行したとき、頻度の割合が0.2〜0.25となる確率Pは以下のように求めることができる。

（1000回試行）$Z = \dfrac{22X - 5000}{\sqrt{1000 \cdot 5 \cdot 17}} = \dfrac{11X - 2500}{25\sqrt{34}}$ となり、　　←正規分布表より

$$P(200 \leqq X \leqq 250) \fallingdotseq P(-2.06 \leqq Z \leqq 1.71) = 0.4803 + 0.4564 = 0.9367$$

（2000回試行）$Z = \dfrac{22X - 10000}{\sqrt{2000 \cdot 5 \cdot 17}} = \dfrac{11X - 5000}{50\sqrt{17}}$ となり、　　←正規分布表より

$$P(400 \leqq X \leqq 500) \fallingdotseq P(-2.91 \leqq Z \leqq 2.43) = 0.49819 + 0.4925 = 0.99069$$

関連問題（大学入試問題から）

　青玉4個、赤玉3個、白玉2個が入っている袋から同時に2個を取り出すとする。次の問いに答えよ。　　　　　　　　　　　　　　　　　　　　（西南学院大学2010）

(1) 2個とも青玉となる確率は $\dfrac{\text{ア}}{\text{イ}}$ である。

(2) 赤玉が少なくとも1個含まれる確率は $\dfrac{\text{ウ}}{\text{エオ}}$ である。

(3) 2個とも同じ色となる確率は $\dfrac{\text{カ}}{\text{キク}}$ である。

まとめ

　高等学校学習指導要領（平成30年告示）解説 数学編 理数編には、「確率の捉え方についてはいくつかの考えがあり、例えば、頻度確率、論理的な確率、主観確率、公理的確率などが挙げられる。急速に発展しつつある情報化社会では、不確実な事象に対して、データの傾向を読み取って判断や意思決定をすることが求められている。このような社会では、論理的な確率に加えて、頻度確率や主観確率の重要性も高まっている。」と明記されている。コンピュータによるシミュレーションを組み込んだ当該問題のような題材を用いることで、頻度確率と論理的な確率の理解をより深めていくことが可能である。

—— COLUMN ——

　この問題での動的オブジェクトは、動的幾何ソフトで作成し、シミュレーションの実行はスクリプトをセットして対象をクリックしたとき実行されるようにした。シミュレーション部分は、どのようなアルゴリズムにするかによって、結果表示までの時間に差異が生じる。いろいろなアルゴリズムを書いて試すとよいだろう。

第3章　3.4　試行の繰り返し

22 偽物の判別

問題の特徴

　5種類の変量からなるデータセットにおいて、「本物」と「偽物」を識別する上でどの変量に着目するとよいかを考える問題。変量を選択し、棒グラフ、折れ線グラフ、箱ひげ図、散布図を表示することができるアプリを用いて、誤って識別するリスクを考慮しながら最適な方法を選択できるかを問う。

問題

　時計やカバン、靴など、高級ブランド品の偽物が後を絶たない。下のデータは、あるハンドメイドの財布について、本物と偽物について、様々な量を測定した結果である。

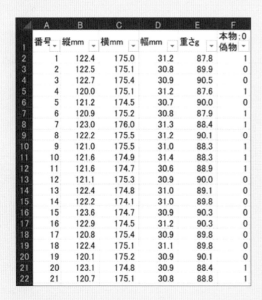

　このデータから、偽物なのに本物、本物なのに偽物とする誤判別をなるべく少なくする方法を考えたい。どの変量を用いるとよいか。最もよい変量と、その判別において用いるグラフを答え、その方法を簡単に説明しなさい。

変　量：　☐ 縦の長さ　☐ 横の長さ　☐ 幅　☐ 重さ
グラフ：　☐ 棒グラフ　☐ 折れ線グラフ　☐ 箱ひげ図　☐ 散布図

科目	学習指導要領の内容	難易度	解答時間	アプリの役割
数学Ⅰ	(4) データの分析	★	10分	処理

作題の趣旨

　教科書では、当該科目で学習する統計量（分散、標準偏差、相関係数等）やデータの表現方法（箱ひげ図、散布図等）の扱いが中心となっている。また、大学入試センター試験や大学入学共通テストでは、問題に提示された図から情報を読み取ることを中心とした出題となっている。そのため、小学校から学んできた様々なデータの表現方法を含め、どのような目的のときに、どのような表現を用いるとよいのかに関する学びが不足しがちである。そこで、「箱ひげ図」「散布図」だけでなく、「棒グラフ」「折れ線グラフ」も表示できるようにし、目的に応じた表現方法を選択しながらデータの傾向を把握することができるか、誤って識別するリスクを考慮しながら最適な方法を選択できるかを評価する問題を作成した。

解答・解説

　問題のアプリは、グラフの種類、変数を順に選択し、グラフ表示ボタンを押すと、グラフが表示されるようになっている。グラフ表示後、リセットボタンを押すと、再度、指定できる。

　図3.22.1及び**図3.22.2**のように箱ひげ図で、「本物」「偽物」の「縦の長さ」「横の長さ」「幅」「重さ」の4つの変量について、それぞれの分布を確認すると、本物と偽物の違いは、それらの変量の中では「重さ」にあることがわかる（**図3.22.1**）。

　その詳細を棒グラフで確認したり、よりよい判別ができないかを探るために、「重さ」と他の変量との関係を散布図で見てみたりすると、

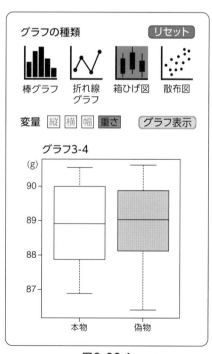

図3.22.1

図3.22.3及び図3.22.4のようになる。

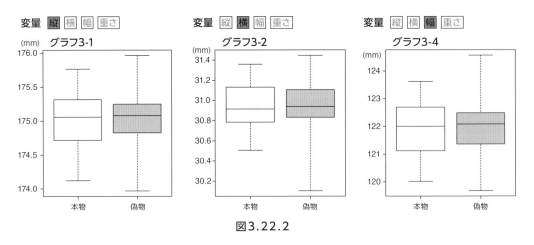

図3.22.2

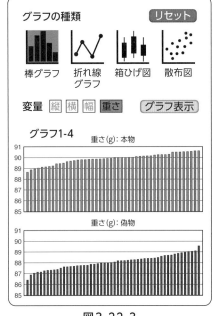

図3.22.3

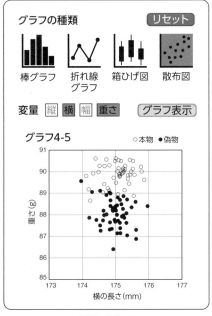

図3.22.4

【正答例】重さ、散布図

　　　　偽物なのに本物、本物なのに偽物とする誤判別をなるべく少なくするには、89.3gを本物と偽物の境界にするとよい。

考察

　散布図において、原点を通る直線で2種類のデータを概ね分けられる場合は、その直線の傾き、すなわち、比の値を調べればよいことになる。

　なお、基本的には、棒グラフは質的データに対して、折れ線グラフは時系列データに対

して利用するものである。

学習指導要領では、『数学Ⅰ』「(4) データの分析」のイ、すなわち、思考力、判断力、表現力等として、「(イ) 目的に応じて複数の種類のデータを収集し、適切な統計量やグラフ、手法などを選択して分析を行い、データの傾向を把握して事象の特徴を表現すること。」を身に付けられるように指導することとされている。

また、『情報Ⅰ』「(4) 情報通信ネットワークとデータの活用」のアとして、「(ウ) データを表現、蓄積するための表し方と、データを収集、整理、分析する方法について理解し技能を身に付けること。」、また、イとして、「(ウ) データの収集、整理、分析及び結果の表現の方法を適切に選択し、実行し、評価し改善すること。」を身に付けられるように指導することとされている。

双方の学習の特徴や重点をふまえつつ相互に関連付け、提示されたグラフから情報を的確に読み取ることだけにとどまらず、データの種類や目的に応じたグラフを選択したり、組み合わせて分析したりする資質・能力を育成するようにしたい。

── COLUMN ──

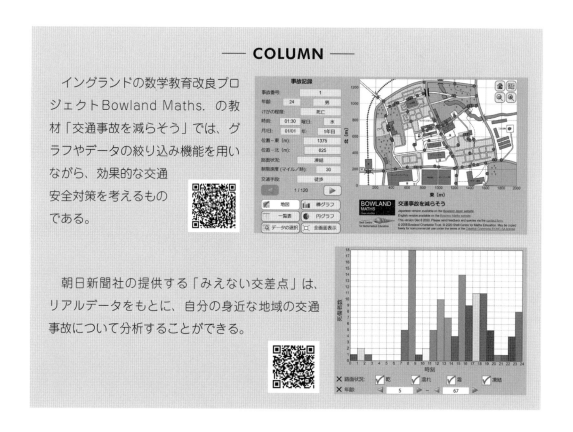

イングランドの数学教育改良プロジェクトBowland Maths. の教材「交通事故を減らそう」では、グラフやデータの絞り込み機能を用いながら、効果的な交通安全対策を考えるものである。

朝日新聞社の提供する「みえない交差点」は、リアルデータをもとに、自分の身近な地域の交通事故について分析することができる。

第3章　3.4　試行の繰り返し

23 正十二角形の頂点からなる三角形

問題の特徴

　この問題は、仮にアプリがなくても、正多角形やそれに含まれる三角形の対称性をきちんと考察することで解決可能である。最終的に問われている問題自体は小学生でも取り組むことができるだろう。しかし、アプリを利用して具体的な場面を観察することで素朴な思考が喚起され、その積み重ねで問題が解決される。

問題

　正十二角形の三つの頂点を選んで作ることのできる三角形を考える。下の図では、頂点 A, B, C を移動したり、三角形全体を回転・反転することができる。以下の問いに答えなさい。

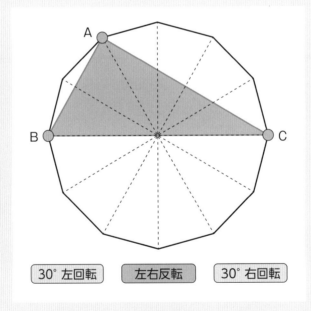

30° 左回転　　左右反転　　30° 右回転

(1) 三角形 ABC として得られる三角形は何個あるか。

(2) 三角形 ABC が正三角形となるのは何個あるか。

(3) 三角形 ABC が二等辺三角形となるのは何種類あるか。

(4) 合同でない三角形 ABC は何種類あるか。

科目	学習指導要領の内容	難易度	解答時間	アプリの役割
数学A	(1) 場合の数と確率	★★★	10分	処理

作題の趣旨

　最終的に問われていることは「正十二角形の3つの頂点を使って作ることのできる三角形は、合同なものを除き、いくつかあるか」ということであり、小学生でも取り組むことのできる問題である。はたして何でも計算で解決しようとする高校生はどのようにこの問題に向き合うだろうか。あえて冒頭で二項係数を使う状況を示し、それに惑わされずに、素朴な議論を展開して、最終的な答えに到達できるかどうかを問うことにした。

解答・解説

(1) 正十二角形の頂点を使って作ることのできる三角形の個数は、その12個の頂点から3つを選ぶ場合の数と同じなので、(1) の正答は $_{12}\mathrm{C}_3 = \frac{12 \times 11 \times 10}{3 \times 2 \times 1} = 220$ となる。

(2) 正三角形は、辺で4つ分離れたところにある3つの頂点を選ぶことで得られる。それを30°回転するごとに次の正三角形が現れ、4つ目では初めのものと重なる。したがって、題意の正三角形は4個である。

(3) 二等辺三角形は、底辺が周上の辺で何本分離れている頂点を結んでいるかに注目して列挙すればよい。アプリで実験をすれば、底辺の両端点が偶数だけ離れていないと第三の頂点が置けないことがわかる。したがって、12未満の偶数2、4、6、8、10に対応する5種類の二等辺三角形が存在する。次ページのアプリの表示（**図3.23.1**）では、順に番号が9、12、10、6、1の図が対応している。

(4) 合同なものを除き可能な三角形ABCを全列挙したければ、合同なものが現れないような基準を用意するとよい。たとえば、辺ABの長さが最短であり、固定した位置にあるとする。この基準に従って頂点Cの位置を変化させていくと、次ページの**図3.23.1**のようになり、全部で12個あることが確認できる。

【正答】 (1) 220個　　(2) 4個　　(3) 5種類　　(4) 12種類

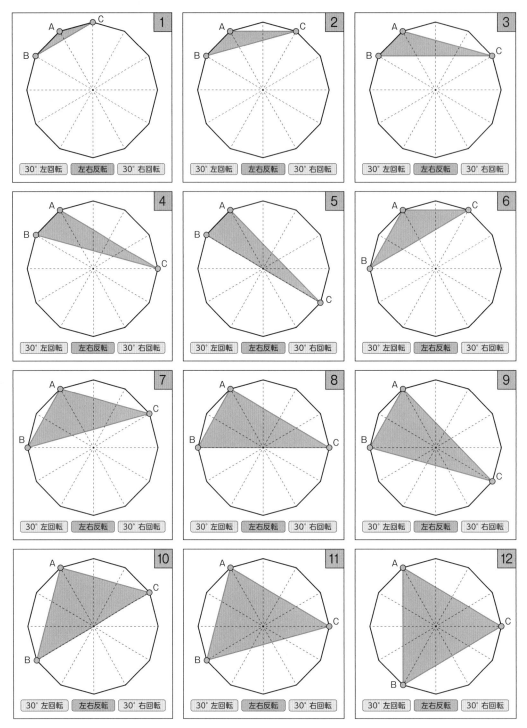

図3.23.1　合同でない三角形ABC

考察

　高校生の多くが数学の問題は何かを計算して解答しようとする。そのため、数学的にお
もしろい状況が提示されていても、それに気づかない可能性が高い。例えば、ここで紹介

した問題は数学的にいろいろな方向に考察を発展させることができる。

　二面体群についての知識があれば、正十二角形には回転と反転（鏡映）による24通りの対称性があることがわかるだろう。正三角形はそれ自身に6通りの対称性があるので、正十二角形には異なる $24/6 = 4$ 個の正三角形が含まれている。正三角形でない4個の二等辺三角形は底辺と垂直な軸に関する対称性のみなので、1つの二等辺三角形と合同なものは $24/2 = 12$ 個存在する。そして、完全非対称な三角形は7種類あり、それぞれ24個の三角形と合同になる。こうした事実をまとめると次の式になる。

$$220 = 7 \times 24 + 4 \times 12 + 1 \times 4$$

　また、1つの三角形の頂点が正十二角形の辺を何本ずつに分けるかを考えると、和が12となる3数の組合せの数が最終問題の答えと一致することがわかるだろう。

$$12 = 1 + 1 + 10 = 1 + 2 + 9 = 1 + 3 + 8 = 1 + 4 + 7 = 1 + 5 + 6$$
$$= 2 + 2 + 8 = 2 + 3 + 7 = 2 + 4 + 6 = 2 + 5 + 5$$
$$= 3 + 3 + 6 = 3 + 4 + 5 = 4 + 4 + 4$$

まとめ

　この問題はアプリを利用しなくても解決可能だと思われるが、アプリを自分の手で操作して関連する具体的な場面を観察することで、素朴な思考が喚起され、問題解決のための原理を深く理解できるようになることが期待される。それによって、定型的な解法で解決できる数学の問題の枠を越えて、発展的な探究活動への道が拓かれていく。

── COLUMN ──

　ある大学の理工系学生を対象に、正 n 角形の3個の頂点からなる三角形について講義したことがある。「n 個の頂点から3個を選んで三角形を作るのだから、とりあえず $_nC_3$ 個の三角形がある。1つの三角形は回転と反転によって得られる $2n$ 個の三角形と合同になるのだから、求める値は $_nC_3/2n$ 以上になる。しかし、正三角形のように回転と反転で自分自身に重なるものもあるから、$2n$ では割りすぎだ。だから、この式はあくまで答えの下界を与えている」と説明した。その上で、正六角形の場合はどうなるかと問うと、この式に $n = 6$ を代入して、$1.66\cdots$ と答える学生がいた。逆に私の話を聞いていなければ、小学生と同じように、迷うことなく3と答えたことだろう。

　この現実をどう受け止めたらよいだろうか。

第3章 3.4 試行の繰り返し

24 正八角形に内接する三角形の面積

問題の特徴

　正八角形に内接する三角形の面積の最大値を求める問題であるが、その最大値を与える状態を探すことのできるアプリが用意されている。厳密な論証を書き下すことはできないものの、アプリを使い実験を繰り返すことで目的が達成できることを体験するというよさを感じる問題である。

問題

　一辺の長さが1の正八角形の周上にある異なる3点A、B、Cを頂点とする三角形ABCの面積の最大値を考える。以下の問いに答えなさい。

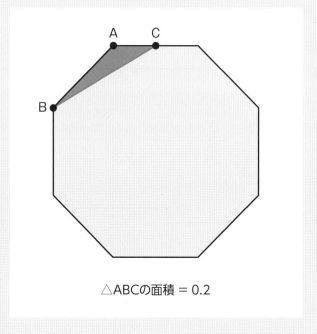

△ABCの面積 ＝ 0.2

(1) 上の図では、正八角形の周上で3点A、B、Cを動かすことができ、下に三角形ABCの面積が表示される。ただし、値は小数第3位を四捨五入したものである。この場合の三角形ABCの面積の最大値を示しなさい。

(2) 三角形ABCの面積の最大値を正確に求めなさい。

科目	学習指導要領の内容	難易度	解答時間	アプリの役割
数学 I	(2) 図形と計量	★★★	10分	方略

作題の趣旨

　単に「一辺の長さが 1 の正八角形に内接する三角形の面積の最大値を求めよ」と問うだけでは、その問題に着手できない生徒が多いと思われる。そこで、正八角形の周上に頂点を持つ三角形を変形させながら、その面積の値の変化を観察できるアプリを用意した。正確な論証までは求めないが、アプリによる実験を通して、目的の最大値を求める方法を見出せるように誘導している。

解答・解説

　まず、辺 BC を固定して、三角形 ABC の面積の変化を考える。頂点 A は周囲の正八角形のいずれかの辺の上にある。その辺が辺 BC とは平行でなく、頂点 A がその辺の途中にあれば、BC を底辺としたときの三角形 ABC の高さが増加するように、頂点 A を移動することができる。辺 AB, AC についても同様のことを考えると、頂点 A、B、C のいずれかが正八角形の辺の途中にあるときには、三角形 ABC の面積を減らすことなく、その頂点を正八角形の頂点に移動することができる。したがって、三角形 ABC の面積の最大値は、頂点 A、B、C のいずれも正八角形の頂点になっている場合に実現できることになる。

　アプリを利用して頂点 A、B、C が正八角形の頂点になっている場合を調べてみると、図 3.24.2 の最下部にあるような状態を見つけることができる。計算誤差も加味していくつかの場合で試してみると、三角形 ABC の面積が 2.06 を越えないことがわかる。

　その最大の面積を求めるには、図 3.24.1 のように正八角形を含む正方形を補ってみるとよい。その最大値を与える三角形の底辺の長さが $1+\sqrt{2}$、高さは $1+\dfrac{1}{\sqrt{2}}$ なので、その三角形の面積は以下の式で求めることができる。

$$\frac{1}{2} \times \left(1+\sqrt{2}\right) \times \left(1+\frac{1}{\sqrt{2}}\right) = \frac{4+3\sqrt{2}}{4}$$

【正答】　(1) 2.06　　(2) $\dfrac{4+3\sqrt{2}}{4}$

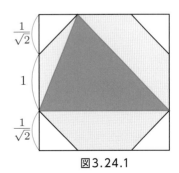

図 3.24.1

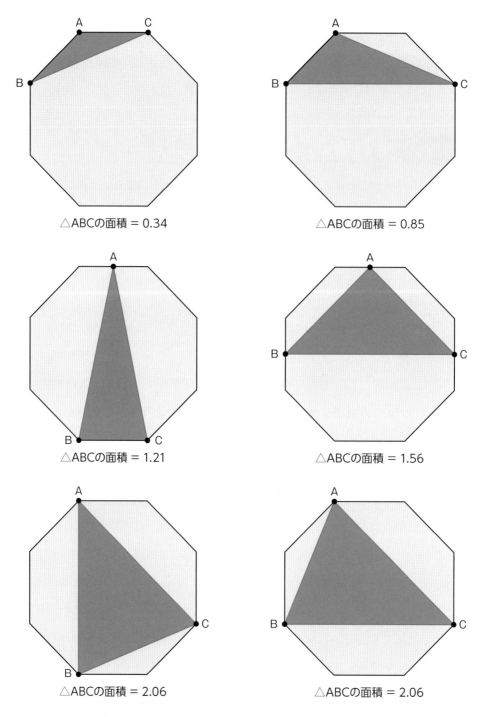

△ABCの面積 = 0.34

△ABCの面積 = 0.85

△ABCの面積 = 1.21

△ABCの面積 = 1.56

△ABCの面積 = 2.06

△ABCの面積 = 2.06

図3.24.2　アプリを使って、三角形ABCを変形し、その面積の値を調べている様子

考察

　解説で述べたように、面積最大の三角形を探す原理となっていることは、「底辺が共通
の三角形は高さが大きいほどその面積も大きくなる」という事実である。そして、アプリ

の中で1つの頂点を動かしてみると、その事実を目撃することになる。その結果、三角形の頂点がすべて正八角形の頂点になっている場合に限定して調べればよいことに気づくだろう。

　この問題では答えとなる状態が面積最大になる理由までは求めていない。例えば、この問題を通常の平面幾何の問題だと捉えてしまった生徒は、図形の微小変動による効果を考察するという着想には至らないだろう。また、頂点A、B、Cの位置を表すようなパラメータを用意して、三角形ABCの面積を求める式を立て、その最大値を計算したとしても手間なだけで、上述のような面積を最大にする原理に触れることはないだろう。

まとめ

　図形の動的な変形やそれに付随する諸量の変化を観察できるアプリを活用することで、最大値を求めるための基本原理に触れることができ、直観的ではあるが、その最大値を知ることができる。その原理を感得し、うまく言語化できれば、論理的な証明を書き下すことができるだろう。現行の指導ではこのようなスタイルの学びを誘導することは難しいかもしれないが、アプリの利用を前提とすることで、生徒はより豊かな数学の世界に比較的容易に触れることができるようになる。さらに、GeoGebraのような動的幾何ソフトを利用して、自らアプリを作ることができれば、正八角形以外の図形に対しても同様の問題を考え、探究活動へと発展させることができるだろう。

── COLUMN ──

円に内接する多角形の面積はいつ最大になるか？
おそらく誰もが「正多角形になっているときだ」と考えるだろうが、それを証明できる高校生がどれほどいるだろうか。しかし、ここで紹介したアプリを使った探究を経験していれば、連続する3つの頂点が作る三角形の変形を考えて、それが二等辺三角形でないと面積を増加できることに気付くかもしれない。それに気づけば、証明は簡単だ。

第3章 3.4 試行の繰り返し

㉕ 振り子のシミュレーション

問題の特徴

　単振り子の周期に影響する要因を、シミュレーションを用いて探究する問題。「糸の長さ」「おもりの質量」「重力加速度」の3つの変数の値を変化させながら、シミュレーションを繰り返す。各変数の影響を調べるためのシミュレーションを解答者自身で計画し、その結果について考察する思考力が試される。

問題

　天井からつり下げられた糸の先に小さなおもりが取り付けられた振り子がある。この振り子の周期（おもりが1往復するのにかかる時間）に、「糸の長さ l」「おもりの質量 m」「重力加速度 g」が与える影響を調べたい。三つの変数 l、m、gについて条件を変えながら、最大で6回のシミュレーションを行い、各変数が周期に与える影響の有無を選びなさい。また、各解答の根拠となったシミュレーション結果について、最大で2回の結果を下の表に入れなさい。ただし、同じシミュレーション結果を何度用いても構わない。

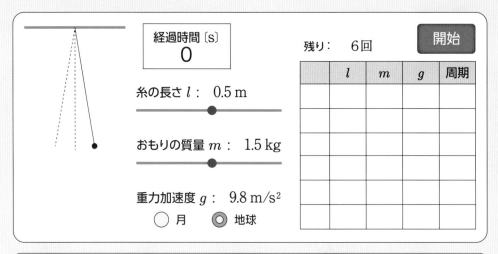

　本問題のシミュレーションでは、三つの変数 l、m、g の値を設定して、「開始」ボタンを押すと振り子の振動アニメーションが始まり、残り回数の表示が1回減り、開始ボタン及び変数の指定のためのスライダー・ボタンが消える。振り子が1往復したところで自動的にアニメーションが停止し、1往復に要した時間が表示される。それとともに、設定した三つの変数及び周期の値が表に入力され、開始ボタンのところにリセットボタンが表示される。リセットボタンを押すと、開始ボタンに変わり、上記を繰り返し6回まで実行ができる。

(1)（ⅰ）糸の長さ l は、振り子の周期に影響するか。

　　　［影響する・影響しない］ ※解答は［ ］内の選択肢からドロップダウンで選択（以下同）。

　　（ⅱ）糸の長さの影響の根拠となった結果を入力しなさい。

	糸の長さ l	おもりの質量 m	重力加速度 g	周期
結果 1	［0.1〜0.9 m］	［1.1〜1.9 kg］	［1.6・9.8 m/s²］	［0.4〜4.9 s］
結果 2	［0.1〜0.9 m］	［1.1〜1.9 kg］	［1.6・9.8 m/s²］	［0.4〜4.9 s］

(2)（ⅰ）おもりの質量 m は、振り子の周期に影響するか。

　　　［影響する・影響しない］

　　（ⅱ）おもりの質量の影響の根拠となった結果を入力しなさい。

　　　［(1)（ⅱ）と同じ解答入力欄］

(3)（ⅰ）重力加速度 g は、振り子の周期に影響するか。

　　　［影響する・影響しない］

　　（ⅱ）重力加速度の影響の根拠となった結果を入力しなさい。

　　　［(1)（ⅱ）と同じ解答入力欄］

問題の情報

科目	学習指導要領の内容	難易度	解答時間	評価の観点
物理	（1）（ウ）㋑ 単振動	★	10分	計画　考察

作題の趣旨

　変数制御にかかわる科学的推論力を問う定番の問題を、アプリで実現した問題である。PBTの問題は多肢選択式または自由記述式であるが、アプリを利用することで、解答者にシミュレーションを計画させ、その結果について考察させることができる。単振り子の周期の公式：$T = 2\pi\sqrt{l/g}$ から各変数の影響を推測することも可能であるが、公式を覚えていたとしても、変数を制御しながらシミュレーションを計画する思考力は必要になる。本問題の意図は、単振り子の周期にかかわる知識ではなく、実験について計画・考察する思考力を問うことにある。

　たとえば、各変数を初期設定の値のままでシミュレーションを1回実行し、2回目は糸の長さの値のみを変えて実行すると、**図3.25.1**のような結果が出力される。

(1)（ⅰ）「糸の長さ」の影響を調べるため、「おもりの質量」および「重力加速度」の値は変えず、「糸の長さ」の値のみを変えて、シミュレーションを再度実行する。シミュレーションの結果として、「糸の長さ」が大きくなると「振り子の周期」も大きくなるという結果が得られる（**図3.25.1**）。（確認のため、「糸の長さ」の値のみをさらに変えて、シミュレーションを再度実行し、その結果から確証を得ることも想定される。）

【正答】影響する

（ⅱ）「根拠となった結果」として、「おもりの質量」および「重力加速度」の値が同じで、「糸の長さ」の値のみが異なるシミュレーション結果を2つ選択し、「結果1」および「結果2」に入力されていれば正答。**図3.25.1**の場合であれば、①と②の結果を、表中のドロップダウンから入力する（**図3.25.2**）。

(2)（ⅰ）（1）（ⅰ）の解法と同様にして「おもりの質量」の影響を調べればよい。

【正答】影響しない

（ⅱ）（1）（ⅱ）と同様に、「根拠となった結果」として、「糸の長さ」および「重力加速度」の値が同じで、「おもりの質量」の値のみが異なるシミュレーション結果を2つ選択し、入力されていれば正答。

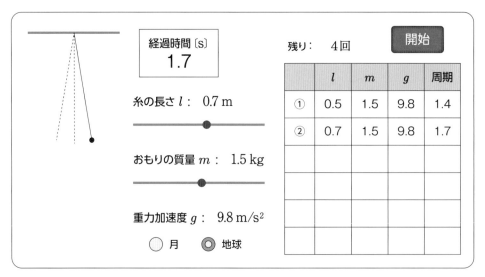

図3.25.1　シミュレーション2回目までの結果例

（3）（ⅰ）上記の解法と同様にして、「重力加速度」の影響を調べればよい。

【正答】影響する

（ⅱ）これも同様にして、「根拠となった結果」として、「糸の長さ」および「おもりの質量」の値が同じで、「重力加速度」の値のみが異なるシミュレーション結果を2つ選択し、入力されていれば正答。

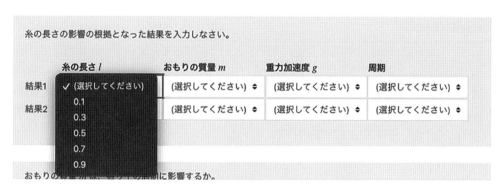

図3.25.2 「根拠となった結果」の入力画面

まとめ

　本問題のシミュレーションは自動的に停止し、自動的に計測される。ここからの発展的な可能性として、自動停止しない振り子の振動アニメーションに対して、解答者が自身で画面上のストップウォッチを操作し、周期を計測する問題を作成することもできる。その形式では測定値の平均の計算など、誤差の処理に係わる思考力を問うことも可能になる。

　当初は、「糸の長さ」と「おもりの質量」の2変数で設計したが、大学生や高校生に解答してもらった結果、難易度が易しめであることが明らかになった。そこで、「重力加速度」を含めて3変数とした。派生問題としては、ばね振り子のシミュレーション問題も考えられる。鉛直ばね振り子にすれば、変数の数は4つに増え、さらに難易度を高めることも可能である。

　本問題の作成にあたっては、科学的推論力の測定を目的としてLawsonらが開発したローソンテスト（Classroom Test of Scientific Reasoning）の変数制御に係わる問題[1]を参考にした。

参考文献

[1] Lawson, A. E., Clark, B., Cramer-Meldrum. E., Falconer, K.A., Sequist, J.M., and Kwon,Y. -J.（2000）. J. Res. Sci. Teach: 37, 81-101.

第3章 3.4 試行の繰り返し

26 霧雨の運動

問題の特徴

　$v-t$グラフの接線の傾きが加速度を表すという知識をもとに、ツールを利用して速度、加速度、時間のデータを適切に収集し、それらのデータの間の関係性、法則に気づくことが問われる問題である。そして、その法則に基づき、グラフから値を読み取ることにより、必要な量を計算していく力が問われる。データの取り方は一意ではなく、試行錯誤しながら行うことが、CBTにより実現される。

問題

　霧雨の粒（質量 $m=4.19\times10^{-12}$ kg）が空気抵抗を受けながら鉛直下方に落下している運動について考えよう。時刻 $t=0.0000$ s から落下を始め、$t=0.0100$ s までの速度〔m/s〕の時間変化は**図1**の曲線（黒）のようになったとする。なお、グラフの横軸は時刻〔s〕、縦軸は速度〔m/s〕を表す。また、霧雨の運動は鉛直下向きを正の向き、重力は鉛直下方に働き、重力加速度を $g=9.80$ m/s^2 として、次の問いに答えなさい。

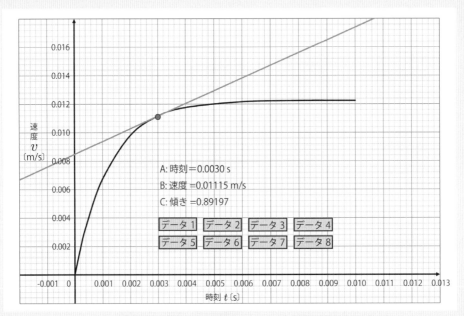

A: 時刻＝0.0030 s
B: 速度＝0.01115 m/s
C: 傾き＝0.89197

データ1　データ2　データ3　データ4
データ5　データ6　データ7　データ8

図1

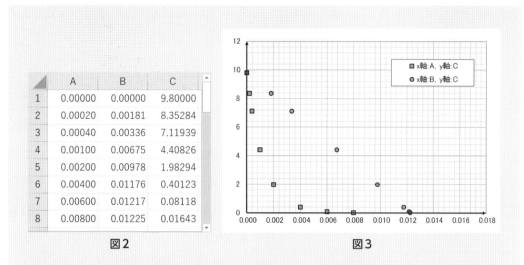

図2　　　　　　　　　　　　　　　　　　　　図3

(1) **図1**のグラフ上の直線（灰色）は、曲線（黒）上の指定された時刻での接線である。接線の傾きは何を表すか答えよ。

(2) **図1**内の曲線（黒）上の点（灰色）を動かすと、点の位置でのA：時刻、B：速度、C：接線の傾きの値が**図1**内に表示され、 データ1 ～ データ8 のボタンをクリック（またはタップ）すると、それらの値が**図2**の表内に自動的に追加される（何度でもやり直し可能）。A：時刻、B：速度、C：接線の傾きの値が、表のA列、B列、C列にそれぞれ対応している。表内のデータのA列、C列を横軸、縦軸にプロットしたものが■、B列、C列を横軸、縦軸にプロットしたものが●で**図3**に表示されている。表のデータとこのグラフをもとにして、加速度aと速度vとの関係を数式で示せ。係数の数値は有効数字2桁とすること。

(3) 霧雨の粒に働く力をm、vを用いて表せ。係数の数値は有効数字2桁とすること。

(4) 霧雨の粒はじゅうぶん時間が経過すると、一定速度（終端速度）で落下するようになる。終端速度を求めよ。有効数字2桁で表し、単位をつけて解答すること。

問題の情報

科目	学習指導要領の内容	難易度	解答時間	評価の観点
物理	(1)（ア）⑦ 放物運動	★★★	15分	知識 結果 考察

作題の趣旨

　雨や霧雨が降る時、雨粒や霧雨粒が地上に達する頃には、それらの速度はほぼ一定になっていることを多くの人は経験している。これは、雨粒や霧雨粒のような微小粒子が、

空気抵抗を受けながら落下することにより、やがて下向きに働く重力と上向きに働く空気抵抗による力の大きさが等しくなって、雨粒や霧雨粒が一定の速度（終端速度）で落下するようになったからである。

本問題は、出来るだけ現実に近いデータに基づき、霧雨粒の終端速度について考察することを目的とした問題である。速度の時間変化を表すグラフを与え、グラフの接線の傾きが加速度であるという基礎的な知識を前提として、動的幾何ソフトを利用することにより速度、加速度、時間のデータを適切に収集することができるかが要求される。得られたデータから、速度、加速度、時間の関係の法則に気づくことができ、グラフから値を読み取り、気づいた法則をもとに必要な量を計算することのできる力を問うている。

解答・解説

(1) 速度と時間の関係を表す $v-t$ グラフの接線の傾きは加速度であるという、基礎的な知識を問うている。

(2) (1) により、接線（灰色）の傾きが加速度であるということが理解できていれば、表内のデータのB列（速度）、C列（加速度）を横軸、縦軸にプロットした ◎ の点が直線上に並んでいることがわかり、α と β を正定数として、加速度 a と速度 v との関係式を $a = \beta - \alpha v$ とすることができる。グラフ上の座標を表から読み取り、例えば

$$(v, a) = (0.00000, 9.80000)、(0.01225, 0.01643)$$

を用いることにより、$\beta = 9.8$、$\alpha = 800$ と計算できるので、正答例は以下のようになる。原点での接線の傾きのデータを取得しておくことが計算を楽にすることにつながる。有効数字2桁と指定されていることに注意すること。

(3) 霧雨の粒に働く力を F とすると、運動方程式は $F = ma$ である。(2) の結果を用いることで F を求めることができる。有効数字2桁と指定されていることに注意すること。

(4) 霧雨の粒が一定の速度（終端速度）で落下しているときは、加速度が0である。(2) の関係式で、$a = 0$ とすることで終端速度 v を求めることができる。有効数字2桁と指定されていることに注意すること。また、終端速度は横軸との交点の値であることに気がつけば、横軸との交点の値を読み取ることでも解答は可能である。

【正答例】 (1) 加速度　　(2) $a = 9.8 - 800v$

(3) $m(9.8 - 800v)$〔N〕　　(4) 1.2×10^{-2} m/s

　高校物理では、速度に比例する抵抗力を受けながら重力により落下する運動が扱われる。ほとんどの場合、比例定数をkとして、運動方程式$mg - kv = ma$を出発点として考察される。例えば、初速度0で落下を始めた直後の加速度は$ma = mg - 0$より、$a = g$であり、落下速度が増していくと、kvが大きくなり、加速度は小さくなる。さらに落下速度が大きくなり、$mg - kv = 0$となると加速度が0、すなわち速度が一定$v = mg/k$となり、これが終端速度となる。

　それとは逆に、今回の問題では速度の時間変化を表すグラフが与えられ、それをもとにして動的幾何ソフトを活用し、加速度と速度の関係が1次関数になることを発見することから、今回の運動が、速度に比例する抵抗力を受けながら重力により落下する運動であるということに結び付けられれば、学習が深まると期待される。そのためには、加速度と速度の関係が1次関数になることに気づきやすいように、データを取得することが求められる。試行錯誤しながら、適切なデータの取得方法に気づくことも重要になってくる。

　このような取り組みを実現するために、動的幾何ソフトでアプリを開発するにあたっては、速度の時間変化を表すグラフ上の任意の点での座標、接線の傾きを計測し、自動的に表に値を追加すること、そしてその値をグラフ上にプロットするように、プログラムを作成することが求められる。今回は、取得したデータが自動的にプロットされるようにしたが、横軸と縦軸にどのデータをプロットさせるかを検討するところから取り組ませると、より考察力が求められることになるが、更なるプログラミングによる開発が求められる。

　学習指導要領には「物体の運動とエネルギーについて、観察、実験などを通して探究し、運動の表し方、様々な力とその働き、力学的エネルギーにおける規則性や関係性を見いだして表現すること。」と記載されている。本問題は、与えられた運動方程式をもとにして運動を考察するのではなく、グラフの観察とデータの整理により運動の特徴を考察することが求められており、速度に比例する抵抗力を受けながら重力により落下する運動の理解の深化につながると期待している。

第3章　3.4　試行の繰り返し

27 化学反応と量的関係

問題の特徴

　金属と酸との反応によって発生する水素の量から、金属の原子量を求めるための実験をアプリを用いて模擬的に行う。

　実験を計画的に行い、データを収集し、結果のグラフから金属の原子量を導く、CBTならではの問題である。

問題

　酸と容易に反応する金属Mの原子量を、塩化水素HClとの反応を利用して求める模擬実験をすることにした。この金属Mの陽イオンはM^{2+}だけである。

　0.10 gの金属片に2.0 mol/LのHClを加える反応で、HClの体積を入力すると、発生した水素H_2の体積が出力される。

　二つの値を入力した結果、表やグラフに示すようなデータが得られた。

　以下で、「2.0 mol/L HClの体積」を自由に設定して入力をくり返し行い、データを収集しなさい。得られたデータから、金属Mの原子量を算出しなさい。ただし、金属片はあと7枚ある。金属片の残数に注意して計画的にデータを収集しなさい。なお、発生した水素の量（出力結果）には誤差が含まれている。

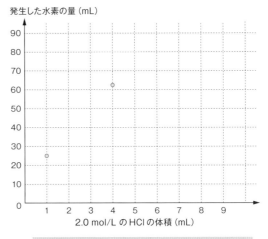

反応条件

・2.0 mol/L の HClの体積 5.0 mL
　　　　　　5.0

・0.10 g の金属片の残数

| 金属片 | 金属片 | 金属片 | 金属片 |
| 金属片 | 金属片 | 金属片 |

実験結果

	2.0 mol/L の HClの体積 (mL)	発生した水素の量 (mL)
	1.0	25.3
	4.0	62.6
1		
2		
3		
4		
5		
6		
7		

発生した水素の量 (mL)

2.0 mol/L のHClの体積 (mL)

(1) 左上のスライダーを調節してHClの量を決定
(2) 「金属片」をクリック（またはタップ）して実行

反応条件

・2.0 mol/L の HCl の体積 5.0 mL

3.0

・0.10 g の金属片の残数

金属片　金属片

金属片　金属片　金属片

実験結果

	2.0 mol/L の HClの体積 (mL)	発生した水素の量 (mL)
	1.0	25.3
	4.0	62.6
1	2.0	50.0
2	3.0	62.5
3		
4		
5		
6		
7		

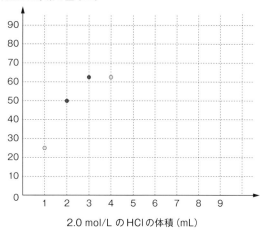

発生した水素の量 (mL)

2.0 mol/L の HCl の体積 (mL)

(1) 左上のスライダーを調節してHClの量を決定
(2)「金属片」をクリック（またはタップ）して実行

反応条件

・2.0 mol/L の HCl の体積 5.0 mL

5.0

・0.10 g の金属片の残数

実験結果

	2.0 mol/L の HClの体積 (mL)	発生した水素の量 (mL)
	1.0	25.3
	4.0	62.6
1	2.0	50.0
2	3.0	62.5
3	2.5	62.3
4	6.0	61.9
5	2.3	57.6
6	2.7	61.7
7	1.5	37.7

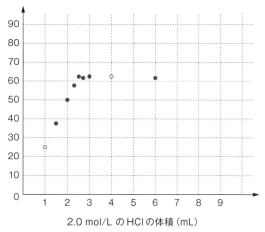

発生した水素の量 (mL)

2.0 mol/L の HCl の体積 (mL)

(1) 左上のスライダーを調節してHClの量を決定
(2)「金属片」をクリック（またはタップ）して実行

科目	学習指導要領の内容	難易度	解答時間	評価の観点
化学基礎	(3)（ア）④ 化学反応式	★★★	10分	計画 実験 結果

作題の趣旨

　金属に加える塩酸の体積と発生する水素の体積変化との関係を表すグラフから、金属の原子量を計算によって求める問題である。入試にもよく出題されるが、紙ベースでは計算だけで終わってしまうことが多い。金属の原子量を求めるには、どのようなデータが必要か、そのためには塩酸の体積をどのようにすればよいのか。限られた回数の中で、実験をデザインする力が求められる、CBTならではの問題である。

解答・解説

　金属 M と塩化水素 HCl の反応は、$M + 2HCl \rightarrow MCl_2 + H_2$ で表される。実験結果より、0.10 g の金属片と過不足なく反応する 2.0 mol/L の塩酸の量は 2.5 mL であるから、金属 M のモル質量は、$0.10 \text{ g} \div \left(2.0 \text{ mol/L} \times \dfrac{2.5}{1000} \text{ L} \times \dfrac{1}{2} \right) = 40 \text{ g/mol}$ となる。

　よって、M の原子量は 40 である。

　2.0 mol/L の塩酸の体積と発生した水素の量の関係は、右図のようになると考えられる。金属 M のモル質量（原子量）を求めるためには、0.10 g の金属片が何 mol であるかを求めればよい。

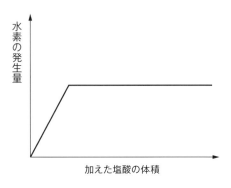

【正答】　金属Mの原子量　40

考察

　この問題を高校生に解答してもらったところ、過不足なく反応する塩酸の量を求める方法として、発生する水素の量が増えなくなる体積付近を集中して実行する「集束型」（図3.27.1）と、等間隔に実行する「等間隔型」（図3.27.2）が見られた。

　「集束型」（図3.27.1）の場合は、グラフの結果から直接過不足なく反応する塩酸の量

を求めることができる。一方、「等間隔型」（**図3.27.2**）の場合は、補助線（近似線）を2本引くことで2直線の交点を読み取り、過不足なく反応する塩酸の量を求めることになる。

このようなアプリケーションを用いる問題では、生徒がどこに注目し、どのような順序で実験を行ったかが実験結果の記録（ログ）から分かるので、生徒の思考をある程度読み取ることができる。

実験結果

	2.0 mol/L の HClの体積（mL）	発生した水素の量（mL）
	1.0	25.0
	4.0	62.0
1	2.0	49.4
2	3.0	62.2
3	2.2	54.6
4	2.8	61.8
5	2.4	59.3
6	2.6	62.3
7	2.5	62.5

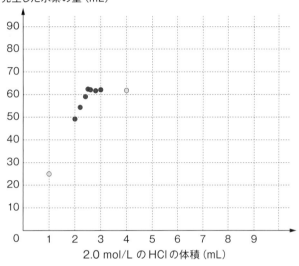

図3.27.1　「集束型」の結果

実験結果

	2.0 mol/L の HClの体積（mL）	発生した水素の量（mL）
	1.0	25.4
	4.0	61.8
1	2.0	50.0
2	3.0	62.0
3	5.0	61.9
4	6.0	61.8
5	7.0	62.2
6	8.0	62.1
7	9.0	61.8

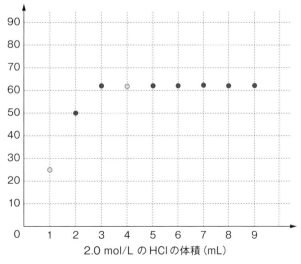

図3.27.2　「等間隔型」の結果

　PCやタブレット端末上で模擬的な実験を計画的に行い、データを収集して自ら考え、結果を求めるような問題づくりはPBTでは難しい。計算化学の発展に伴い、最近では様々なシミュレーションソフトが開発され利用されている。これらを利用することで、気体や溶液の性質、物質動態に関するシミュレーション型問題を作題することも可能になるだろう。実際に、PISAは2015年調査から、CBTに切り替え、PCを使って自ら実験などを行いながら問題を解いていくというシミュレーション型の問題も出題されている。これからの子供たちには、未来の予測が難しく何が起こるかわからない時代を生き抜くために必要な力が求められており、本問題はそういった力を身につけることの大切さを伝えるメッセージにもなると考えている。

第Ⅲ部
デジタル問題作成ガイド

第4章

どんなシステムがある?

　極端なことを言えば、システムがなくても、ほとんどPBTに近い方式で、CBT特有の動的コンテンツを含む問題を実施することは可能である。具体的には、紙で表現できるものはすべて問題用紙に示し、解答には解答用紙を利用する。音声、動画、アニメーション、動的コンテンツといったものだけは紙で表現でないため、それらのコンテンツへアクセスできるQRコードを問題用紙に付けておけば、スマートフォンやタブレット端末を利用して、簡易的に実施できる。情報機器が得意でない人は、第一歩として、そのような手法でデジタル問題を使った評価を試みるのも一案である。しかし、多くの人は、CBTは全てパソコン等の端末で完結し、インターネット経由でデータのやり取りがなされるテストをイメージするであろう。

　現在、既製のシステムでCBTが簡単に実施できるのは、一般的な学習管理システム（LMS）に備わっている「小テスト（クイズ）」機能を用いるか、CBT専用システムを用いるかであろう。いずれのシステムも、Webプラットフォームが標準で、オープンソースのものも含め既製のシステムがいくつもある。高等学校については、すでに欧米では導入している学校が多いが、わが国は遅れをとっている。しかし、端末と同じように予算措置の問題がクリアできれば、近い将来、各学校で導入されているのが当たり前になるであろう。なお、オブジェクトの組み込みや問題のタイプについては、第5、6章で述べる。

4.1 学習管理システム（LMS）

　COVID-19の感染拡大により、LMSを利用した遠隔授業が世界的に拡大し、現時点では、わが国の高等教育機関においても、ほとんどの機関で全学的にLMSが導入されている。国内の高等学校では、予算措置の関係もあり、Google Classroomの採用が目立ち、都道府県単位でLMS専用のシステムを導入している自治体はわずかである。国際的には、

Google ClassroomはLMSとして位置付けられていないが、わが国ではLMSとして捉える傾向が見られる。しかしながら、Google Classroomでは、一般的な機能としてLMSに備わっている小テスト機能が劣っており、テストでの使用は、アンケート作成・管理ソフトウェアのGoogleフォームを利用してできる簡単なテストに限られる。

わが国の高等教育機関で採用されている主なLMSは、Google Classroomを除くと、Moodle、UNIVERSAL PASSPORT（日本システム技術株式会社）、WebClass（日本データパシフィック株式会社）、manaba（株式会社朝日ネット）で、この中ではMoodleのみがオープンソースであり、世界中で利用されているシステムである。これらのLMSはどれも、テスト機能を有していて、マークアップ言語による編集を極力排したオーサリングツールも備わっている。図4.1はMoodleの小テスト機能の画面の一部で、Moodleでは、まず問題タイプ（解答形式）を選択し、その後に問題名、問題テキスト、選択肢、正解、評点、フィードバック、時間制限、自動採点といった問題情報を入力していく。図4.2はmanabaの小テスト機能の画面の一部で、manabaでは、小テストの形式（自動採点小テスト、手動採点小テスト、ドリルのいずれか）を選択してから、小テストタイトル、課題に関する説明、制限時間、受付開始日時、受付終了日時、問題（解答形式の選択を含む）、選択肢のシャッフル、ポートフォリオへの追加の有無、採点結果と正解の公開（公開のタイミング、公開する項目）を入力後、正解と配点を登録する。これらのオーサリングツールは、Webオーサリングツールと同様に、MicrosoftのWordのような感覚で、視覚的に編集できるWYSIWYGエディタツールであると同時に、HTML（HyperText Markup Language）エディタも具備していて、編集中に、切り替え可能である。同一システムで作成した問題は、インポート及びエクスポートが可能である。

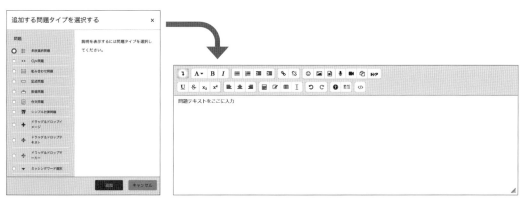

図4.1　Moodleの小テスト機能の画面の一部

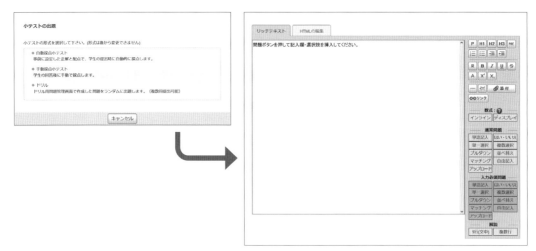

図4.2　manabaの小テスト機能の画面の一部

さらに、オープンソースのMoodleは、国際標準規格であるEdTech Consortium Inc.（旧IMS Global Learning Consortium、2022年に改称）のQTI（Question and Test Interoperability）2.0準拠にしているフォーマットや他のいくつかのフォーマットの問題もインポート可能である。

高等教育機関で使用されているLMSの種類

　まず、世界の中でも、先行して導入が進められてきた北米での状況を概観する。図4.3は、米国とカナダの高等教育機関におけるLMSの市場占有率の変遷を示した有名な図である。Blackboardを中心とした商業化の流れとMoodleやCanvasのようなオープンソースの流れがわかるだろう。

　世界的に見ると、導入しているLMSの種類別に見た機関数の割合は、COVID-19以前の2019年の報告[2]では、北米とそれ以外の地域で異なる。北米は、上位3番目までがCanvas（27%）、Blackboard（26%）、Moodle（25%）であるのに対し、ヨーロッパ、南米、オセアニアでは、1番目がMoodle、2番目がBlackboardである。Moodleは、ヨーロッパ（67%）、南米（76%）、オセアニア（69%）のずれの地域でも非常にシェアが高く、2番目のBlackboardは、ヨーロッパ（11%）、南米（8%）、オセアニア（14%）である。COVID-19以降のデータでは、2022年春の米国市場の報告[3]があるが、Canvas（41%）、Blackboard（24%）、Moodle（15%）で、Canvasが増加傾向に、逆にMoodleが減少傾向にある。

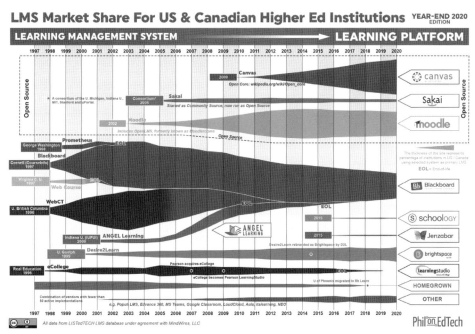

図4.3　米国とカナダの高等教育機関におけるLMSの市場占有率の変遷[1]

　わが国は、大学ICT推進協議会（AXIES）ICT利活用調査部会により行われた2020年度の調査結果がある[4]。この調査結果によると、わが国の高等教育機関におけるLMSの全学導入率が86.5％（部局や教員個人での導入は含まれていない）で、全学導入しているLMSの種類の割合はMoodle（33.5%）、Google Classroom（28.1%）、UNIVERSAL PASSPORT（19.2%）、WebClass（14.4%）、manaba（12.9%）、独自開発（9.0%）である*。

　　　　　　　　　＊全学で複数のLMSを導入している機関があるため合計が100％を越している。

4.2　CBTシステム

　現在、eテスティングで広く使用されているシステムとしては、OAT（Open Assessment Technologies S.A.）のTAO（Testing Assisté par Ordinateur、Computer Based Testingのフランス語の頭字語）が挙げられる。TAOのプラットフォームは、ルクセンブルグ大学のEMACS研究部門とアンリ・チューダー公的研究センター（The Public Research Centre Henri Tudor、現Luxembourg Institute for Science and Technology; LIST）のSSI部門によって開発されたもので、オープンソースである。テスト問題の作成・編集、テストの配信・実施・採点、結果レポート、受験者や問題の

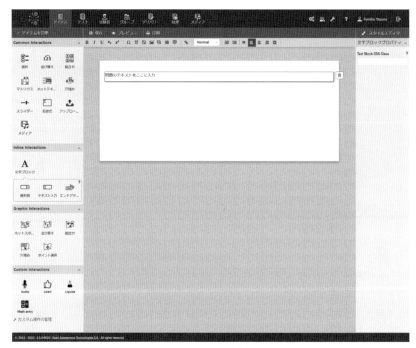

図4.4　TAOの問題作成画面の一部

　管理といった一般的な機能が標準で備わっている。問題は、国際標準規格であるIMS QTI 2.1、2.2に準拠している。OECDのPISA調査・PIAAC調査（Programme for the International Assessment of Adult Competencies）や米国のACT（American College Testing）でも、TAOのCBTエンジン部分を採用しているが、インターフェースはいずれも独自開発としている。**図4.4**は、TAOの問題作成画面の一部である。問題作成・編集のためのWYSIWYGエディタによるオーサリングツールが標準で備わっている。インタラクションといわれる問題形式を選択し、キャンバスにドロップして作成するようになっている。

共通化のための国際標準規格

　コンピュータを用いた教育や学習は、CAI（computer-assisted instruction またはcomputer-aided instruction）やCBT（computer-based training）、WBT（web-based training）といわれていた時代を経て、2000年以降は、eラーニングという用語が盛んに使われるようになった。eラーニングでは、一般的にWebベースで、HTMLで表示するとともに、様々な学習のログ（記録）を取る。eラーニングのプラットフォーム（LMS）の仕様が異なれば、他のLMSに教材（コンテンツ）

を移植するのに莫大な費用がかかったり、移植が困難であるため再度教材を0から作り直したりという問題があった。この問題を解決し、相互運用性、再利用性、および耐久性の課題に対処するために、標準化への動きが加速した。

　古くは、1990年代初頭に米国の国防総省の職員の学習のための開発を起源とする、SCORM（Sharable Content Object Reference Model）規格がある。1999年に米国のビル・クリントン大統領が署名した大統領令13111により、連邦政府と民間企業によってeラーニングの標準仕様を策定するためのタスクフォースが設置され、ADL（Advanced Distributed Learning）イニシアチブより、LMSと教材の間のインターフェースやデータ形式を規定した標準規格がSCORM1.0として2000年に公表された[5]。その後、いくつかのバージョンが公表されてきている。

　SCORM規格と並ぶ、eラーニングに関する標準化規格の一つに、テスト用の教材の相互運用性、再利用性の向上を目的として、標準化を推進してきた米国のコンソーシアム1EdTech Consortium Inc.が策定しているQTI規格がある[6]。

　SCORMとQTI以外にも、コンソーシアムや標準化団体より、標準規格の策定がなされているが、現在は、SCORMとQTIが国際標準の主要規格といえる。

参考文献

[1] Phil Hill & Associates (2021). *State of Higher Ed LMS Market for US and Canada: Year-End 2020 Edition.*（accessed 2022-11-11）.

[2] Phil Hill & Associates (2019). *Addressing the Decline of Open Source LMS for #altc Discussion.*（accessed 2023-9-30）.

[3] edutechnica (2022). *LMS Data – Spring 2022 Updates*, July 8, 2022.（accessed 2023-9-30）.

[4] 稲葉利江子, 酒井博之, 辻靖彦, 平岡斉士, 重田勝介 (2021).「大学におけるICT環境の規模別導入状況の現状と経年変化」, 大学ICT推進協議会2021年次大会 FD2-2, pp.307-312.（閲覧日：2023年9月30日）

[5] ADL（Advanced Distributed Learning）Initiative. *Sharable Content Object Reference Model*（*SCORM®*）.（accessed 2023-9-30）.

[6] 1EdTech Consortium Inc. *1EdTech Question & Test Interoperability*（*QTI*）*Specification.*（accessed 2023-9-30）.

第5章
どんなものが組み込める?

　第4章で紹介したように、デジタル問題の表示は、Webのプラットフォームが一般的である。HTML（HyperText Markup Language）の知識があれば、どのようなものをどのように組み込めるかは想像がつくであろう。知識がなくても、一般的にブラウザで閲覧が可能なコンテンツは、問題に組み込むことができると思ってよい。図5.1は、第4章で紹介したシステムに具備されているオーサリングツールのメニューバーの例である。ワープロソフト等と同様に、文字の書式（大きさ、太字、斜体、下線、取り消し線、上付き文字、下付き文字、色等）、段落の書式（箇条書き、配置、インデント）、パーツの挿入（数式、表、画像、動画、音声、リンク、H5P等）のボタンが用意されている。Web作成に慣れているのであれば、オープンソースのMoodleやTAOは、CSS（Cascading Style Sheets）を読み込ませて、それを利用することもできる。本章では、多用すると思われる数式、動画、動的コンテンツの作成や組み込みについて詳述する。

5.1 数式・化学式の表現

　Webでの数式表現は、LaTeXやMathMLで記述された数式をWebブラウザ上で表示するために、MathJaxを利用することが一般的である。MathJaxは、JavaScriptライブラリを使用して表示時にブラウザでレンダリングするオープンソースソフトウェアで、多くのLMSやCBTシステムで採用されている。利用できるコマンドはMathJaxがサポートしているコマンドのみ利用可能である[1]。Microsoftの「Office365」で、「LaTeX」スタイルの数式入力がサポートされて、数式挿入を「{ } LaTeX」（行形式）で入力し、「2次元形式」に変換すると数式入力ができるようになっている。MathJaxを採用しているシステムは、それとほとんど同じ要領で入力することが可能である。

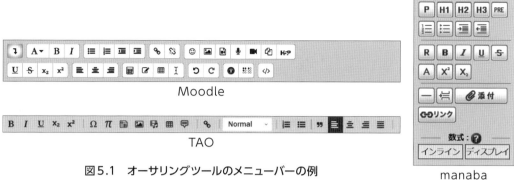

Moodle

TAO

manaba

図5.1　オーサリングツールのメニューバーの例

表5.1　高等学校段階までの学習で使用される主な数式の入力例（TeX形式）

数と式

記号	入力例
$a \times b$	a \times b
$a \div b$	a \div b
$a \pm b$	a \pm b
$a \mp b$	a \mp b
$a < b$	a<b
$a > b$	a>b
$a \leqq b$	a \leqq b
$a \geqq b$	a \geqq b
$a \neq b$	a \neq b
$a \fallingdotseq b$	a \fallingdotseq b
a^n	a^n
$(a^m)^n$	(a^m)^n
$\sqrt{a}$	\sqrt{a}
$\sqrt[n]{a}$	\sqrt[n]{a}
$|a|$	|a|

関数，微分積分

記号	入力例
$y = f(x)$	y=f(x)
$f^{-1}(x)$	f^{-1}(x)
$\sin x$	\sin x
$\cos x$	\cos x
$\tan x$	\tan x
$\log_a x$	\log_{a}x
$\{a_n\}$	\{ a_n \}
$\sum_{k=1}^{n} a^k$	\sum_{k=1}^{n}a^k
$\lim_{n \to \infty} a_n$	\lim_{n \to \infty} a_n
$f'(x)$	f'(x)
$\int_a^b f(x)dx$	\int_a^b f(x)dx
$[F(x)]_a^b$	\left[F(x) \right]_a^b
$\frac{dy}{dx}$	\frac{dy}{dx}

集合・論理

記号	入力例
$A \subset B$	A \subset B
$A \supset B$	A \supset B
$A \subseteqq B$	A \subseteqq B
$A \supseteqq B$	A \supseteqq B
$A \in B$	A \in B
$A \notin B$	A \notin B
$A \ni B$	A \ni B
$A \cap B$	A \cap B
$A \cup B$	A \cup B
$\bar{A}$	\bar{A}
$\emptyset$	\emptyset
$\varnothing$	\varnothing
$P \Rightarrow Q$	P \Rightarrow Q
$P \Leftarrow Q$	P \Leftarrow Q
$P \Leftrightarrow Q$	P \Leftrightarrow Q

ベクトル・行列

記号	入力例
$\vec{a}$	\vec {a}
$\overrightarrow{AB}$	\overrightarrow{AB}
(a, b)	(a, \ b)
$\begin{pmatrix} a \\ b \end{pmatrix}$	\begin{pmatrix} a \\ b \\ \end{pmatrix}
$\begin{pmatrix} a & b \\ c & d \end{pmatrix}$	\begin{pmatrix} a & b \\ c & d \\ \end{pmatrix}

図形

記号	入力例
$\angle$	\angle
$\triangle$	\triangle
$\perp$	\perp
$\equiv$	\equiv
$\parallel$	\parallel
$/\!/$	/\!\!/ （等で代用）

ギリシャ文字

記号	入力例
α	\alpha
β	\beta
γ	\gamma
θ	\theta
π	\pi
ϕ	\phi

注) 高等学校で用いられる否定を表す斜線は，斜線の向きが異なるので留意。

オープンソースのMoodleやTAOといった一部のシステムでは、**図5.2**に示すような数式エディタも具備されているが、数式エディタに標準で用意されているボタンは、主要な記号のみである。数式エディタを利用しなくても、**表5.1**に示す入力例で、LaTeXの知識がなくても、高等学校段階までの学習で取り扱う数式の大部分が入力可能であろう。なお、日本語用文字コードの問題から、LaTeXのバックスラッシュ（\）はすべて円記号（¥）で代用可能である。

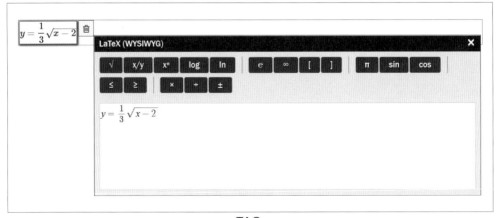

図5.2　数式エディタの例

化学式や化学反応式については、MicrosoftのWordのようなワープロソフトで、文字の書式の上付き文字・下付き文字と矢印（→）等を駆使して、入力した経験がある人もいるであろう。HTMLでは、ワープロソフトほど文字の装飾の自由度は高くないが、上付き文字・下付き文字と矢印は利用できる。もう少し複雑な化学反応式は、数式入力を利用してある程度入力が可能である。図5.3は、数式を利用した化学反応式の入力例である。ただし、chemfigのようなTikZを使って化学構造式を描画することができるTeXのパッケージは、MathJaxでは現在サポートされていない（サポートの予定もないと思われる）ので、化学構造式やベンゼン環の略記号を含むものは、ChemDoodle[2]のような化学構造をWebで表現するためのJavaScriptのライブラリを使った方がよいであろう。さもなければ、簡単な方法として、構造式等を作成するソフトを使って画像を作成し、画像挿入としてもよい。

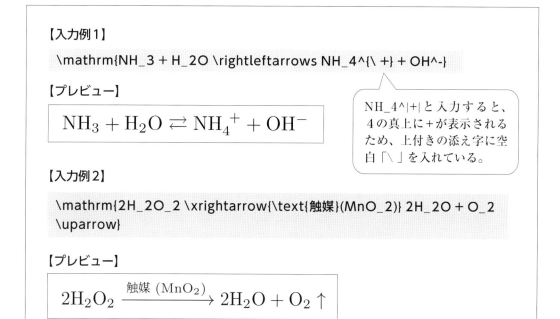

図5.3　数式を利用した化学反応式の入力例

5.2 動画の挿入

今の時代、手元にいつでもスマートフォンがあり、写真の撮影だけなく、音（声）の録音、動画やスロー・タイムラプスが誰でも容易に撮影できる。第3章で紹介した問題事例の半数近くの問題が、動画を用いた問題であった。動画は、リアルタイム動画以外に、高

速度撮影や低速度撮影の動画もデジタル問題では非常に有効なコンテンツとなる。

　ハイスピードカメラによる高速度撮影（ハイスピード撮影）は、球の跳ね返り、水滴が落ちる様子といった時間尺度が短い物理現象、スポーツでのスローモーション再生等によく利用されている。一方、コマ落としによる低速度撮影や、静止画をつないで動画に見せるタイムラプス動画は、雲、月、星の動き、植物の発芽や開花の様子、定点カメラでの建設の様子や製品の組み立ての様子の動画といったものは誰もが一度は目にしたことがあるだろう。いずれも、リアルタイムでは、観察ができないあるいはしにくい様子を観察することが可能となる。3.2の問題事例では、⑬、⑭で高速度撮影による動画、⑮、⑯でタイムラプス動画を利用している。リアルタイム動画、高速度撮影動画、あるいは低速度撮影動画のいずれでも、撮影・編集をした動画を挿入すればよい。

　Webに動画を掲載する方法はいくつかある。そのうちの2通りを紹介する。一つ目は、HTML5の動画埋め込み要素<video>タグで動画を埋め込む方法である。図5.1のメニューバーにある動画挿入ボタンによる挿入もこれにあたる。ユーザ側にプラグイン（plugin）をインストールしてもらう必要がなく、HTMLで画像を挿入する<img>タグと同じような取り扱いとなる。HTML5では、

```
<video src="video.mp4" 属性></video>
```

といったコードとなる。<video>タグの属性は、コントロールパネルの表示/非表示、自動再生、繰り返し再生、幅と高さの指定、サムネイルといったことが設定可能である。メニューバーのボタンによる挿入を利用した場合、属性が指定できるメニューが表示される。音声コンテンツに対しても、<video>タグを使用することができるが、音声コンテンツは音声埋め込み要素<audio>タグの方が使い勝手がよいであろう。二つ目は、YouTube等の動画配信サービスを利用する場合である。この場合は、HTML5のインラインフレーム要素<iframe>タグを利用する方法である。HTML5では、

```
<iframe src="http://www.youtube.com/embed/..." width=" …" hight=" …">
</iframe>
```

といったコードになる。Googleドライブ、Microsoft Streamの動画もURLをコピーして指定すればよい。どちらの方法を利用するかは、メリット・デメリットを理解して、選択することになる。前者は、システム内に、動画ファイルを保持しているため、外部のシステムの影響を受けないが、LMSやCBTのシステムサーバに負荷がかかる。同時に同じ

動画を多くの人が再生する状況が発生する場合は、そのシステムサーバに負荷がかかるばかりでなく、ネットワーク環境の影響も考慮する必要がある。後者は、外部の動画配信サービスを利用しているため、LMSやCBTのシステムサーバへの負荷は軽減されるというメリットがあるが、一般的に外部に公開された情報である、広告や関連動画の機能を外せないといったことがデメリットになる。前者は動画ダウンロード配信にあたり、ユーザがその動画ファイルのデータを全てダウンロードし終えてから、ユーザの端末に保存されたデータの動画を見るという形になる。後者は動画ストリーミング配信にあたり、サイズが大きい動画ファイルをパケット化し、ダウンロードしながら同時に再生していくという形になる。最近のカメラは、4Kや8Kといった解像度に対応しているものも多く、撮影した動画のファイルサイズが大きくなりがちである。撮影する前に予め解像度を下げるか、編集で解像度を下げたファイルを作成する必要があることも忘れてはいけない。

5.3 動画撮影・編集

　第3章で紹介した問題で使っている物理や化学の実験動画は、全て作題メンバーで撮影、編集を行った。その経験からは、撮影で難しいのは、無色透明なガラス器具を多用する化学実験で、ガラスに光などが反射することによる写り込みや、気体発生での細かい気泡などが挙げられる。また、物理の大型実験装置の撮影も、厄介な部分がある。被写体が大きくないものは、LEDライト付きの撮影ボックスの利用をお勧めする。図5.4は、撮

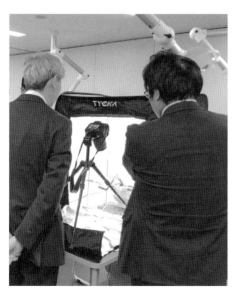

左：撮影ボックスを利用した撮影の様子
右：撮影した動画の1フレーム

図5.4　化学実験の撮影の様子

影ボックスの利用による化学実験の撮影の様子である。背景のスクリーンのカラーパタン
も、白、黒、青、緑、灰色くらいはあるとよい。被写体が大きい場合は、背景に大きな布
やパネルを用いるとよい。**3.1**の問題事例 **7** の動画の背景は、ホワイトボードのトレイ
のところに、たまたま実験室にあった青色のプラスチックダンボール板を立てかけたもの
である。学校の実験室での撮影の場合、掲示物の写り込みや廊下を歩いている人が窓越し
に写り込むといったことがあるので、注意を払う必要がある。

　問題開発を開始した初期の段
階で、映り込みによる失敗談が
ある。化学で、硫化鉄（Ⅱ）に
希硫酸を加えて、硫化水素を発
生させる実験動画を作成し、こ
の実験で発生した気体を問う問
題を出題したことがあった（**図
5.5**）。予備的に高校生に解い
てもらった際に、終った後に、
ある生徒が、「この問題の答
え、硫化水素ですよね。瓶に答
え が 書 い て あ り ま す。」とタブレット端末で示しながら伝えにきた。確かに、試薬の瓶の

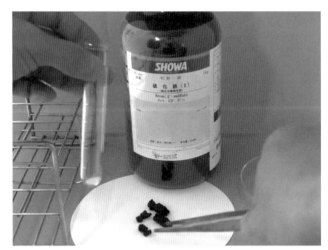

図5.5　映り込みの例

ラベルの「硫化鉄（Ⅱ）」の表記の直下に、親切にも「硫化水素発生用」と記されていた。
タブレット端末で動画を一時停止し、ピンチアウトして、拡大するとはっきり読める。最
近のカメラは、解像度が高く、また、タブレット端末のように拡大が容易なタッチパネル
方式の液晶では、鮮明に映っているいろいろなものを視聴者に発見されやすい。SNSに
投稿された写真で、人物の瞳に映ったものを手掛かりに、場所や個人情報が特定される
ことが知られているが、問題で使う写真や動画の撮影でも細心の注意を払う必要がある。
我々も、これまでにガラス器具や白金電極などにも、実験している人物や実験室全体が写
り込んだということを経験した。特に、丸底フラスコのような全体的に丸みがある透明な
ガラス器具は、全方向からの写り込みがあり、撮影そのものが難しい。注意力が実験その
ものをきれいに撮りたいということに向かいやすいが、思わぬところに写り込みがあるこ
とを忘れてはいけない。画像編集ソフトや動画編集ソフトで後から加工することも可能で
あるが、撮影の時に、気を付けた方が後で楽である。

3.2の問題事例⒀、⒁のように、ハイスピードカメラによる高速度撮影の動画をスロー再生する時に実時間を表示するには、その撮影が1秒間に何フレーム撮影なのかを確認し、実時間を計算して、編集用ソフトを使って、フレーム数や時間を入力している。当該問題では、1/10倍速で1秒間を300フレームで撮影している。したがって、例えば動画から計測したフレーム数が30フレームであれば0.1秒にあたる。問題の解答では、動画から実時間を計測し、それから算出した数値を用いるようになっている。

　逆に、低速度撮影に実時間を表示する場合にも注意が必要である。例えば、スマートフォンでもタイムラプス動画の撮影が可能な端末もあり便利であるが、撮影時間によって自動的にコマ落としされる場合もあるため、撮影開始と撮影終了の時間を記録しておかないと、1/○倍速になっているのかわからなくなる。撮影時間がそれほど長くない場合は、リアルタイムで撮影しておいて、編集用ソフトで、後からコマ落としする方法もある。撮影時間が長い場合は、インターバル撮影ができるデジタルカメラ等で、撮影間隔（インターバル）と撮影時間（あるいは撮影回数）を設定して撮影するとよい。露出平滑化機能がついていると、撮影中に明るさが大きく変化するような環境になったとき、カメラが自動で露出を調整し、コマ間の露出のバラつきを抑えてくれる。

　動画を含む問題の作題側は、通常速度で1回再生する時間を考慮して、解答時間を想定するが、解答者側が実際に問題に解答する際、多くの人は、動画再生でコントロールパネルが表示されている場合は、スクラブ速度調整（スライダーを押下したまま左右に動かして再生）で、動画の全体がどんな感じかをざっくりと眺めてから、どのように再生するかを決めている。必要だと思われる部分は、何度も再生したり、停止したりもする。通常再生以外に、そのような再生の仕方がなされることも考慮する必要がある。実験動画を用いても、最後の部分だけ見れば解答できる問いであれば、動画にする必要がなく、写真を掲載すればよいということになる。また、開発初期段階に、受験者に対してアンケート調査を行ったが、動画はできるだけ短く、余計な不要部分は省いて欲しいという意見が一定数見られた。特に、実験動画は、事前に操作手順を綿密に計画し、手早く行うことを心掛けるとよい。

　動画の編集における字幕の付与は、必要最小限に留めるとよい。例えば、気体発生の気泡が見えにくいから、「気体発生」と字幕を入れてしまうと、動画で変化の様子を観察させるという趣旨が薄れてしまう。また、同じ動画を使って、類題が作成しやすいので、動画の使いまわしのしやすさということからも、字幕は最小限にしておいたほうがよい。

5.4 ObjectVRの作成

　スマートフォンのようなタッチパネル方式の端末が急速に普及し、写真を「見る」から「触る」といった感覚が体現できるコンテンツを見かけることが多くなってきている。商品や作品などを指で触って回転させることができるコンテンツに触れた経験がある人もいるであろう。これは、ObjectVRという技術を使ったコンテンツで、パラパラ漫画の写真版だと捉えればよい。タイムラプス動画と構造的には、似た部分がある。撮影には回転盤が必要で、なければ図5.6に示す円分度器のような図形を画像編集ソフトで作成・印刷し、半径の異なる2種類を重ねて、中心に細い針金などを通して回転できるようにすればよい。その上に、撮影対象物を置いて（あるいはテープで止めて）、回転させながら撮影をする。回転角度が小さいほど動きは滑らかになるが、30度ずつ回転させ、12枚撮影で構成しても十分である。それらの写真を専用ソフトに読み込んでObjectVRのファイル（HTML）を作成する。専用ソフトがない場合は、動画編集ソフトに読み込んで、動画にしてもよいであろう。回転盤があれば、それに角度の目盛りをつけて同様に撮

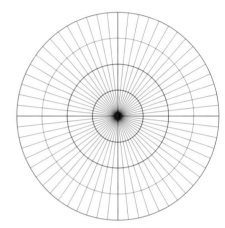

図5.6　円分度器

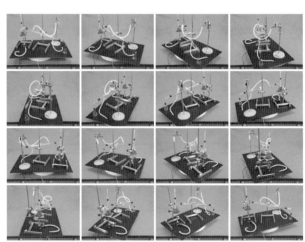

左：回転盤を利用した撮影の様子
右：撮影した写真（一部）

図5.7　化学実験の回転盤による撮影

影すればよい。**3.2**の問題事例 **5** では、ObjectVRを用いた問題を紹介している。ここでは、数万円程度の写真撮影専用の電動回転盤を利用した。**図5.7**は、撮影の設定の様子である。この回転盤は、回転角度を設定することができ、また、自動シャッターに対応しているため、リモコンで、回転・自動撮影を1回転するまで繰り返す。大がかりな蒸留装置であったために、回転盤に直接載せることができず、回転盤の上に、板を置いて撮影を行った。水平方向での360度回転させる以外に、多方向で回転させるObjectVRも可能である。ただし、ここで撮影した蒸留装置は、水平方向の回転以外は、現実的でない動きとなるので、不要である。多方向が適しているオブジェクトの場合は、撮影が大掛かりになるため、個人での作成は難しく、それを専門に作成する業者に依頼するほうが安上がりである。

5.5 動的コンテンツ

アニメーション、3D、プログラミングを伴う動的コンテンツの作成は、自ら作成できるという人はかなり限定されてくるであろう。専門の業者に作成を依頼することを検討してもいいかもしれない。これらのコンテンツを具備した問題は、自ら作成してプログラミングの時間がかかることもあり、作成するためのコストがかかるとともに、動作検証も必要である。

Cabri Geometry、Cinderella、GeoGebraといった様々な動的幾何ソフト（Dynamic Geometry Environments（DGEs）あるいはInteractive Geometry Software（IGS））が普及しており、諸外国において主に数学の授業で活用されている。これら動的幾何ソフトの中で、Web版のHTML5にエクスポートできるものも多い。それらを活用して作成することもできるコンテンツもある。単純なものであれば、scriptの記述をすることなく簡単に作成できる。組み込み方は、動画と同じように2通りある。HTML5にエクスポートしたファイルをシステムに直接取り込むか、HTML5の<iframe>タグを利用する方法である。GeoGebraのように、動的幾何ソフトの中には、各ユーザがそのソフトで作成した教材を、公開あるいはリンク共有が可能となるサイトが用意されているものもある。その場合には、HTML5の<iframe>タグを利用して、動画のYouTubeと同様に、その教材のURLを指定すればよい。例えば、**3.3**の問題事例 **20** で活用しているMolView [3] のようなWebアプリケーションの教材もHTML5の<iframe>タグを利用すれば簡単に組み込める。**20** の (2) で用いている構造式（3D）についてのHTMLの

ソースコード例は、

```
<iframe src="https://embed.molview.org/v1/?mode=balls&amp;cid=3327"
width="900" height="540"></iframe>
```

である。<iframe>タグでWebの様々なコンテンツを組み込むことが可能であるが、そのアプリケーションのライセンスやコンテンツの著作権を確認し、法遵守で利用することが原則である。

　本書の問題事例で、いくつか工夫したコンテンツがある。まず、「電卓」についてであるが、使用を想定している問題に適宜、電卓を挿入している。Webで「HTML 電卓」と検索してみると、HTMLとJavaScriptで簡単に電卓が作れることが示されているサイトも多く見受けられる。それらを参考に、一つ作成しておけば、後は必要に応じて、挿入していけばよい。図5.8は、比較的単純な電卓を示したものである。関数電卓の使用を想定するのであれば、関数電卓を挿入してもよいであろう。

　次に、「三角比の表」が必要な場合、大学入学共通テスト等では問題冊子に掲載するのに丸々1ページ紙幅を割くが、スライダーで角度を決めるとその角度の三角比が表示される図5.9に示すコンテンツを作成して用いた。これを用いることにより、スペースはコンパクトになり、また、「三角比の表」で起きやすい読み取る段の読み間違えということもない。このような工夫も可能であるので、いろいろ試みるとよい。

図5.8　電卓

角 θ	正弦 $\sin\theta$	余弦 $\cos\theta$	正接 $\tan\theta$
75°	0.9659	0.2588	3.7321

$\theta = 75°$

図5.9　三角比の表

参考文献

[1] MathJax Project. MathJax Documentation.（accessed 2023-9-30）.

[2] iChemLabs, ChemDoodle Web Components.（accessed 2023-9-30）.

[3] MolView.（accessed 2023-9-30）.

第6章

問題のタイプ

　デジタル問題では、新たな問題のタイプによる出題が可能となる一方で、手書きにより自由なレイアウトで文字、数式、図を書くことができる解答用紙による解答と同じレベルまでには至っていない。

　解答入力については、キーボードやマウスのみならず、タッチパネル方式のPCやタブレット端末であれば、指やスタイラスペンでの手書き、すなわちデジタルインクでも可能であるため、かなり解答用紙に近い入力が可能である。しかも、紙筆だと消しゴムで消したものは残らないが、デジタルインクだと書いた履歴が残せるという利点がある。さらに、デジタルインクからテキスト情報への変換技術は、手書き文字認識、手書き数式認識、手書き図形認識と個々に研究が進められ、文字、数式、図形が個別であれば、それぞれの認識率は高く、特に文字認識は多言語でかなりの精度に達していて、様々な場面で実用化されている。しかしながら、例えば「1/3より大きい。」といような混在型は、試験で使用できるレベルには達していない。

　一方、採点については、コンピュータによるテスト問題では、自動採点を視野に入れる一方で、解答用紙による記述式では広範な力を測ることができることは既知の事実である。特に、PBTでの記述式や論述式の採点は、採点者のスキルに依存する。機械判定による記述の自動採点に関する研究もなされているが、現在のところは、採点者による採点のレベルには達しているとは言い難い。

　わが国では、1960年代から1970年代にかけて、能研テスト、共通第1次学力試験において、マークシートを用いた機械採点による試験開発が行われ、大規模試験実施までに至り、大学入試センター試験を経て、現在の大学入学共通テストでもその技術は引き継がれ、半世紀以上になる。人による採点のみから、限定されているとはいえ、機械採点である程度の幅の学力を測ることが可能になったのは、事実である。

将来的には、コンピュータによるテスト問題による評価が、どこまでPBTの記述式、論述式に近づけるかである。現在は、その発展途上で、多くの研究者や技術者が、特に、オープンソースのシステムにおいて、いろいろなタイプの問題のためのモジュールやプラグインの開発を行っている。

TAO 3.3　　　　　　　　Moodle 4.1　　　　　　　manaba 2.972

図6.1　問題タイプの選択画面例

国際標準規格であるQTI規格での問題構造は、XML（Extensible Markup Language）形式となっていて、問題の情報<qti-assessment-item>、解答の情報<qti-response-declaration>、採点情報<qti-outcome-declaration>、問題本体部分（説明、指示、インタラクション）<qti-item-body>、処理情報<qti-response-processing>の五つの部分から成る。問題のタイプは、問題本体部分で指定される。なお、QTI規格では、受験者の解答の基本単位をインタラクションと呼び、2022年5月1日公表のQTI3.0では、21種類のインタラクションが標準化されている[1]。

　図6.1は、汎用的なシステムで、標準装備されている問題のタイプである。TAOは、QTI規格に準拠で、インタラクションは「共通インタラクション」「インラインインタラクション」「グラフィックインタラクション」「カスタムインタラクション（PCIインタラクションとも呼ばれる）」の四つのカテゴリーに分類されている。TAOでは、QTI規格のうち17種類が利用可能である[2]。Moodleも、XMLデータ型で、標準では15種類の問題タイプが用意されている。Moodleでは、QTI準拠の問題フォーマットをインポートすると、Moodle XMLデータ型に変換される。TAOとMoodleの問題のタイプの選択画面は、かなり類似していることがわかるであろう。一方、manabaのような日本発のLMSは、問題のタイプが厳選されていて、日本のテストでこれまでに多用されてきた問題のタイプに絞られていることが多い。

　では、実際に、日本のテスト文化においてPBTで実現できていた問題タイプが、どのくらい対応できるのかというと、QTI準拠では、厳しい部分も否めない。現時点では、PBTで白紙の解答用紙を配付して実施するような自由記述は、自動採点ができないばかりでなく、（ペン入力によるデジタルインクでの解答が可能なタッチパネルPCやタブレット端末を除いては）CBTでは解答入力についても厳しい。それ以外にも、例えば、前述の大学入学共通テストの数学における数式での穴埋めは、日本独自であり、ほとんどのシステムにおいて標準仕様では、対応できないであろう。図6.2の例示のように

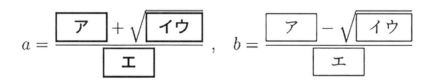

図6.2　マークシートによる穴埋め問題の例

$\boxed{\text{イウ}}$ の部分の桁は指定する必要がなく、値の入力が可能であるという利点はあるが、数式内に直接穴埋めができないということと、同じ解答記号が2度以上現れた場合（細字表記）、連動して符号や数字が入力されるということに対応できない。その場合は、別のところに、解答入力欄を設けて、入力させるという方法をとることになるであろう。PBTのように途中の計算等を問題用紙に自由に記入できればいいが、CBTで問題が画面提示のみとなると、解答者からは見直しの際の煩雑さがデメリットとして挙げられる。また、初出の解答記号のところに入力すると、連動して同じ解答記号のところに解答が入力されることがよいかどうかも議論の余地がある。大学入学共通テストの数学における数式での穴埋めは、マークシートの解答用紙に特化した問題タイプである。オープンソースのシステムで、モジュールやプラグインを開発すれば、対応可能かもしれないが、CBTでそれと同じことを実現しようとせず、CBTに特化した問題タイプを生み出していく方が重要である。以下では、使用頻度が高いと思われる選択問題、数値や用語といった客観性の高い短答式の問題、テキストによる記述式の問題について主に詳述する。

6.1 単一選択問題

単一選択問題は、複数の選択肢の中から一つを選択する問題で、HTMLの表示では、ラジオボタンを利用するか、プルダウン（ドロップダウン）リストを利用するかになる。図6.3は3.1の $\boxed{2}$ (1) (2) の表示例で、図6.4は3.1の $\boxed{3}$ (3) の表示例である。まず、いずれも選択肢をシャッフルしない設定としている。選択肢番号は、システムにもよるが、付与するかしないかを選択できるシステムも多い。TAOは、記号、番号、アルファベット等10種類以上のリストスタイルから選べ、Moodleは、a,b,c,…,　A,B,C,…,　1,2,3,…,　i,ii,iii,…,　Ⅰ,Ⅱ,Ⅲ,… の5種類から選べる。CBTは、選択肢をシャッフルして、解答者ごとに順番を変えられるということが特徴でもあるが、闇雲にシャッフルすべきではない。図6.3の (1) に見られる、（1.三角形　2.四角形　3.五角形　4.六角形　5.上のいずれでもない）といったような選択肢は、シャッフルすると、選択肢5が最後でなくなったり、解答者が選びたい選択肢を見つけにくくなったりする。ただし、選択肢ごとにシャッフルするかどうか設定することができるシステムもあり（例えば、TAO）、その場合は、1〜4をシャッフル、5を固定とすることも可能である。いずれにしろ、問の選択肢の内容に応じて判断する必要がある。

(1) 正三角形どうしが重なることなく，一つの凸多角形を敷き詰めることができたとすると，その凸多角形は何角形になるか。次の1〜5のうちから一つ選びなさい。

- ○ 1. 三角形
- ○ 2. 四角形
- ○ 3. 五角形
- ○ 4. 六角形
- ○ 5. 1〜4のいずれでもない

(2) (1)の状態が実現できる倍率λが満たす等式はどれか。次の1〜5のうちから一つ選びなさい。

- ○ 1. $\lambda : \lambda^5 = 2 : 1$
- ○ 2. $\lambda : \lambda^5 = 3 : 1$
- ○ 3. $\lambda^2 + \lambda + 1 = 0$
- ○ 4. $\lambda^2 - \lambda + 1 = 0$
- ○ 5. $\lambda^3 + \lambda^2 - 1 = 0$

図6.3　ラジオボタンによる単一選択（Moodle）

(3) 回路2 において，はじめの抵抗よりも大きい値の抵抗に交換した場合，手回し発電機を回す力の大きさと充電が完了するまでの時間は，はじめと比べてどうなるか。次の文章中の**ア**，**イ**に入れる語句として最も適当なものを，それぞれ①〜③のうちから一つずつ選びなさい。

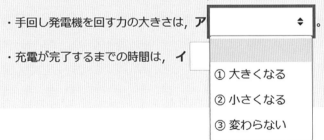

・手回し発電機を回す力の大きさは，**ア** ⬍ 。

・充電が完了するまでの時間は，**イ**

　　① 大きくなる
　　② 小さくなる
　　③ 変わらない

図6.4　プルダウンによる単一選択（Moodle）

次に、ラジオボタンにするかプルダウンにするかは、それぞれ長所・短所があるので、状況に応じて判断したほうがよい。まず、プルダウンは、表示される選択肢の内容が文字列で表現できる内容に限定される。図6.3（2）のような数式や画像を入れることはできない。また、ラジオボタンは、選択肢の内容をすべて常に表示しているため、表示領域を広くとるが、プルダウンは表示領域が狭くコンパクトにまとめられる。解答者の端末がPCであるのか、タブレット端末であるのか、スマーフォンであるのかにも依存する。ただし、選択肢が多い場合は、フォームが長く複雑に見えることがある。例えば、スマートフォンで、生年月日をプルダウン入力する場合を思い出すとよい。生年月日の年と日のフォームが長くなるが、数字が昇順に並んでいるので、入力にストレスをあまり感じないであろう。作題者が、問題全体をコンパクトにレイアウトしたい場合は、プルダウンが魅力的に感じるかもしれない。しかし、我々が開発した問題を高校生に解答してもらった際に、高校生側からは、プルダウンだと見直しする際に、いちいちプルダウンを開かないと、選択肢の内容が確認できない、あるいは見直しでプルダウンを開くと、（意図せずに）最初に選んだ選択肢と異なる選択肢が選択されたりするといった意見があった。確かに、もっともな意見である。つまり、ブルダウンの選択肢が1桁の数字（0～9）のように開かなくても選択肢の内容が明らかな場合は、プルダウンは非常に有効である。以上のことを踏まえて、どちらを用いるかを判断するとよいであろう。

6.2 複数選択問題

複数選択問題は、多肢選択で正答が複数ある場合に使用する。単一選択がラジオボタンであるのに対し、複数選択はチェックボックスとなる。manabaのように、単一選択か複数選択かを問題のタイプで最初に選択するシステムと、TAOやMoodleのように、選択肢問題を選択してから、単一か複数かを設定するシステムがある。TAOは選択肢の選択回数の最小値と最大値を設定、Moodleは、単一または複数解答のいずれかを選択するが、どちらのシステムも、単一であればラジオボタン、複数であればチェックボックスとなる。

HTMLでは<select>の属性設定で、multipleを付けると、複数選択可能なリスト（セレクトボックス）も利用可能である。複数選択可能なセレクトボックスは、CtrlキーまたはShiftキーを押しながらリストをクリックすると複数選択可能であるが、選択方法がわからない解答者も多く、利用頻度も低い。一般的にプルダウンの利用は、単一選択で使わ

れることがほとんどである。よって、複数選択は、チェックボックスとなると思ってよいであろう。選択肢をシャッフルするかどうかは、単一選択と同じである。図6.5に示すような問題は、選択肢のシャッフルに適している。

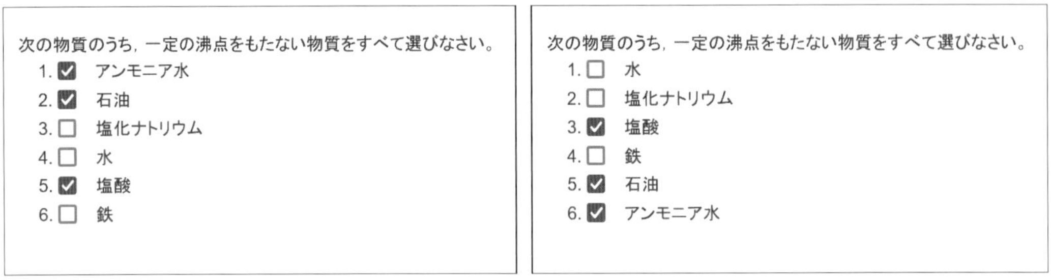

次の物質のうち，一定の沸点をもたない物質をすべて選びなさい。
1. ☑ アンモニア水
2. ☑ 石油
3. ☐ 塩化ナトリウム
4. ☐ 水
5. ☑ 塩酸
6. ☐ 鉄

次の物質のうち，一定の沸点をもたない物質をすべて選びなさい。
1. ☐ 水
2. ☐ 塩化ナトリウム
3. ☑ 塩酸
4. ☐ 鉄
5. ☑ 石油
6. ☑ アンモニア水

図6.5　チェックボックスによる複数選択（選択肢シャッフルの例）

6.3 並べ替え問題

　並べ替え問題は、一連の項目を正しい順序にする問題で、教科・科目によっては、よく使う場合があると思われる。選択肢の並び方を水平方向にするか垂直方向にするか、選択肢をシャッフルするかどうかといったことは設定できる。図6.6はTAOで垂直方向に並べた例で、図6.7はmanabaで水平方向に並べた例である。TAOは並べ替えの際にドロップして間に挟むこともできる。manabaは順に並べていき、変更する場合は、1ス

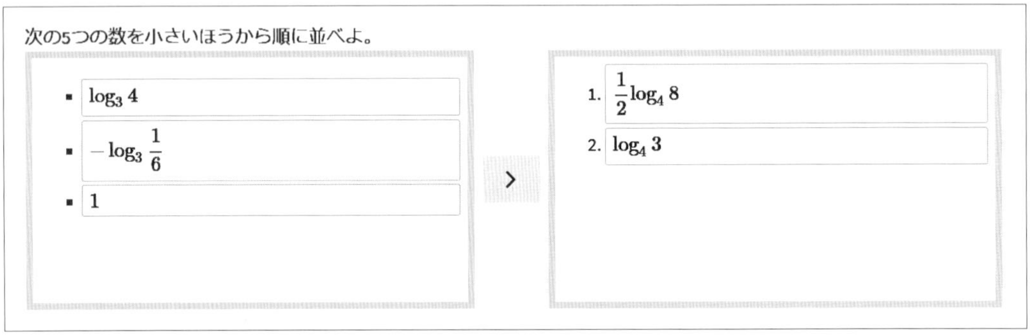

次の5つの数を小さいほうから順に並べよ。

- $\log_3 4$
- $-\log_3 \dfrac{1}{6}$
- 1

> 1. $\dfrac{1}{2}\log_4 8$
> 2. $\log_4 3$

図6.6　並べ替え問題の例（TAO）

次の5つの数を小さいほうから順に並べよ。

項目 ↺

1. $\dfrac{1}{2}\log_4 8$　　2. $-\log_3\dfrac{1}{6}$　　3. $\log_4 3$　　4. $\log_3 4$　　5. 1

回答

1. $\dfrac{1}{2}\log_4 8$　　3. $\log_4 3$

図6.7　並べ替え問題の例（manaba）

テップごとに戻して修正する。システムによって、解答のGUIは異なるが、どちらも機能的には同じである。

6.4 組合せ問題

　組合せ問題は、システムによって、若干異なる。一般的なのは、マッチング問題で、ある群の項目と、別の群の項目を組み合わせるタイプの問題である。選択肢を複数回利用したり、一致しない選択肢を加えたりすることもでき、両群の項目の数が同じである必要はない。例えば、図6.8に示すようなタイプの問題である。システムによっては、選択肢の内容に数式、画像、動画を用いることができる場合もあるが、図6.8のように選択肢がプルダウン形式となるシステムではその内容はテキストでの表現に限定される。これと異なるタイプの組合せ問題は、関連する項目の組を構築していくタイプがある。例えば、図6.9に示すようなタイプの問題で、各選択肢の選択回数の最大値の設定、組合せの数の最小・最大の設定などが可能である。

　いずれのタイプも、選択肢をシャフルするかどうかは選べる。ただし、組合せ問題がなくても、多くの場合は、選択肢問題でも対応可能である。

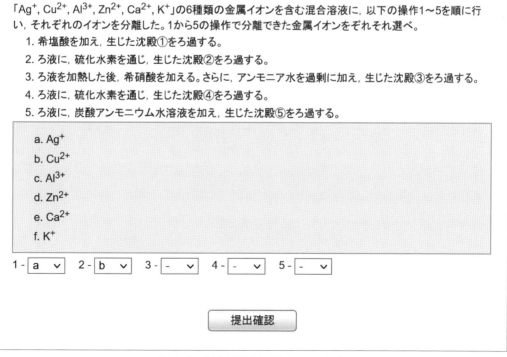

「Ag^+, Cu^{2+}, Al^{3+}, Zn^{2+}, Ca^{2+}, K^+」の6種類の金属イオンを含む混合溶液に，以下の操作1〜5を順に行い，それぞれのイオンを分離した。1から5の操作で分離できた金属イオンをそれぞれ選べ。
1. 希塩酸を加え，生じた沈殿①をろ過する。
2. ろ液に，硫化水素を通じ，生じた沈殿②をろ過する。
3. ろ液を加熱した後，希硝酸を加える。さらに，アンモニア水を過剰に加え，生じた沈殿③をろ過する。
4. ろ液に，硫化水素を通じ，生じた沈殿④をろ過する。
5. ろ液に，炭酸アンモニウム水溶液を加え，生じた沈殿⑤をろ過する。

a. Ag^+
b. Cu^{2+}
c. Al^{3+}
d. Zn^{2+}
e. Ca^{2+}
f. K^+

1 - [a ∨]　2 - [b ∨]　3 - [- ∨]　4 - [- ∨]　5 - [- ∨]

提出確認

図6.8　組合せ問題の例（manaba）

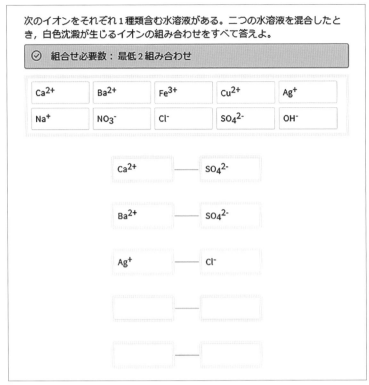

図6.9　組合せ問題の例（TAO）

6.5 穴埋め問題

　穴埋め問題は、空所を含む語句や文章、あるいは段落で構成され、空所の解答入力欄に数値や語句等を入力する問題である。多くのシステムで、空所の解答入力欄を複数設定できる。いわゆるPBTの空所補充と同じである。また、入力が数値の場合は、誤差を設定することができるシステムもある。図6.4に示したように、システムによっては、空所の部分をプルダウンの選択にすることもできる。自動採点は、完全一致、一部分の用語を含む場合等が設定可能である。正答の複数設定や、部分正答、部分点等の設定も可能である。客観性の高い場合は、自動採点が可能で、そうでない場合は、手動採点にするか、自動採点後に確認し、手動採点で訂正するかにするとよい。

6.6 短答式問題

　短答式問題は、第3章で紹介した問題でも多用している。解答入力欄を設け、そこに数値、数式、用語、短い文章などを入力させる問題である。最近は、高校生以上であれば、テキスト入力はほとんどの生徒が可能であるが、数式の入力は厳しい。多くのシステム

で、**図5.2**のような数式エディタを使用できるようになっているが、日本の高校生のみならず、大学生も、これらを利用した入力が不慣れであるばかりでなく、システムごとに数式エディタが異なるため、数式入力を解答者に求めるのは、現時点では難しい。また、自動採点においても、数式表現での短答の場合、数式処理システム（Computer Algebra System; CAS）が組み込まれていれば、同値判定可能である。しかし、高等学校までの数学では、例えば、分数で既約分数になっていない場合、分母を有理化しなさいという問題で有理化できていないが同値の場合など、それぞれ問題によって、正答とするか部分正答とするか異なることが多いことから、CASによる同値判定をするよりも、全ての正答・部分正答の数式を設定してしまう方が簡便な場合もあるであろう。

6.7 記述式問題（作文問題）

　テキストボックスに解答を入力する問題で、採点は手動で行うことになる場合がほとんどである。テキストのみの記述式であれば、短答式問題と同様に、高校生以上であれば、キーボード入力やスマートフォンによるフリック入力が可能であるが、数式表現を含む場合、入力が困難な場合が多いので、注意が必要である。

6.8 ドラッグ＆ドロップ画像問題・座標指定問題（ホットスポット問題）

　どちらも画像の位置に関する問いを扱うことができる。ドラッグ＆ドロップ画像問題は、提示する画像に正答となる領域に解答欄を用意しておいて、解答者が選択肢のテキストの短冊や画像を解答欄にドラッグ＆ドロップするタイプである。一方、座標指定問題（ホットスポット問題）は、提示する画像に、正答となる領域を指定しておいて、解答者がその領域の中の点を選択すると正解となるタイプである。どちらも、例えば、関数のグラフ上の点の特定、地図上の地域の特定、人体の図での体の部分の特定のような問題に適している。この問題のタイプは、画像の中に選択肢番号を付与すれば、選択肢問題として出題可能になる場合が多い。**図6.10**は、ホットスポット問題の例である。この問題は、共通第1次学力試験の開始準備として、国立大学協会の入試改善調査委員会が昭和49年（1974年）に実地研究調査を行った際に出題された当時の『数学I』の「図形と方程式」に関する問題の原案である。難度は高いが、ここではそこに注視するのではなく、この問題は、グラフの概形を図示させることに近い出題として、**図6.10**と同じようなマークシート方式によるグラフで、塗りつぶしで解答させることに特徴がある。当時、この問題

は、コンピューター専門委員会から改変を求められ、変更を余儀なくされた問題である。科目別研究専門委員会（数学）は、納得がゆかず、採点プログラムの工夫で機械採点可能であるという見解を保ったままという記録が残っている[3]。半世紀の後、CBTの標準的なシステムで、簡単に出題することができるようになった。もちろん自動採点可能であることは言うまでもない。

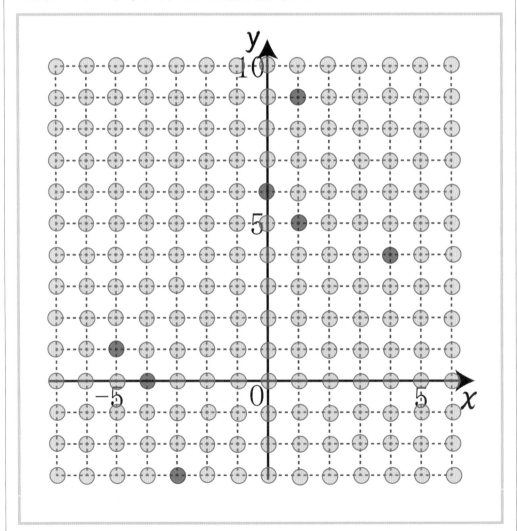

曲線 $x(y-3) = |12-2y|$ 上の点で，x 座標，y 座標がともに整数であるものを考える。

このような点のうち，

範囲：$-7 \leqq x \leqq 6$，　$-3 \leqq y \leqq 10$

にあるものをすべて求め，下の図でそれらに対応する点を選べ。

図6.10　ホットスポット問題の例（TAO）

参考文献

[1] 1EdTech Consortium Inc. QTI 3.0 (Date Issued: 1 May 2022). (accessed 2023-9-30).

[2] Open Assessment Technologies. TAO Overview: Adding interactions. (accessed 2023-9-30).

[3] 国立大学協会入試改善調査委員会 (1975). 国立大学入試改善調査報告書 附属報告書.

第7章

今後の課題

　最後の本章では、我々のこれまでの経験から感じた問題点や今後の課題について述べる。

7.1 入力における問題点：全角と半角の問題

　高校生に限らず大学生も、自分が入力している英数字が全角か半角かの区別の意識がない生徒や学生が多い。Webのフォームで、郵便番号、住所、電話番号、メールアドレス等を入力する際に、「全角で入力してください。」あるいは「半角で入力してください。」というような表記を見たことがある人も多いであろう。特に、住所は漢字、数字、平仮名、片仮名、アルファベットが混在して、厄介である。入力後に送信する際にデータ型のチェックで、やり直しになって、嫌になったことがある人も中にはいるであろう。最初からできる限り入力制御をしておけばいいという意見もごもっともで、実際、CSSやHTML5で実装されたtypeなどの属性値で、入力方法を制御する方法は存在するが、現状では利用者の端末の種類（PC、タブレット端末、スマートフォン）やOS、あるいはブラウザの種類（Edge、Chrome、Firefox、Safari等）によって、挙動が異なったりする。既存のLMSやCBTのシステムでは、入力制御を考えるよりも、正答が数値やアルファベットである場合、半角と全角の両方について正答として登録するという対応が比較的容易な解決方法である。自動採点後に、手動で採点の訂正が可能である場合がほとんどであるため、正答例の登録漏れがあった場合は、後で訂正ということも念頭にしておくとよい。何度か経験すると、正答の登録をどの程度しておけばよいのかという感覚がわかってくるであろう。

7.2 入力における問題点：学習機能、推測変換・連想変換機能

　PCに限らずスマートフォンを含めた端末は、日本語に限らず言語ごとの入力システムがあり、変換精度を高める様々な工夫がなされている。日本語の場合、よく使う漢字や文節を記憶する学習機能が付いていて、使用頻度が高いものが変換候補の上位に表示されたりしていることは、既知のことであろう。それ以外にも、入力したい語句の先頭数文字から、過去に入力変換したものを候補として提示する推測変換機能、変換する単語から連想される類義語を連想して提示する連想変換機能が多くの端末に備わっている。英単語も、スペルを正しく入力しなくても、それに近い正しいスペルの単語が候補として提示される。これらの機能を無効にすることもできるが、すべて無効にすると、入力効率が悪くなり、入力時のストレスが増大するであろう。

　わが国の大学入試のような試験結果が受験者に重要な影響を与えるハイステークステストを個人所有の端末や異なる種類の端末を用いてCBT方式で行うと、端末の入力機能やその端末での入力履歴によって、公平性が担保されないという議論を生むかもしれない。簡単な用語を問う問題は、曖昧に覚えていても、端末によって、推測変換で上位候補として提示され、英単語のスペルは正しいものが提示される。しかし、今の社会、生活や仕事の多くの場面で、そういった機能が備わった端末で入力し、書類や資料等を作成している。そのような入力機能で影響や違いが出るような問題を出題すること自体が、CBTにそぐわない問題と考える方がよいのではないだろうか。PCのキーボード入力であろうと、スマートフォンのフリック入力であろうと、タブレット端末の手書き認識入力であろうと、音声認識入力であろうと、精度と速さという観点で、利用者にとってベストな方法を選択すればよいという考えになっていく必要があるだろう。

7.3 入力における問題点：数式入力

　高校生に数式を入力させるのは、非常に厄介な問題である。5.1において、Webでの数式・化学式の表現について詳述したが、すべての生徒に同じ方法で入力させるのは、厳しい。また、解答入力で、数式入力をサポートしていないLMSもある。オープンソースであれば、数式入力用のプラグインがいくつも開発されているので、それらを探して用いることを検討してもよいであろう。システムによっては、選択問題や穴埋め問題で代用せざるを得ない場合も生じる。

　この解決策として、我々は、これまでに開発したCBTシステムで、オンライン手書き

数式認識入力を利用した。実際に解答してもらった高校生や大学生からは、入力の手軽さと認識率の高さから高評価であり、我々も、非常に有効であると認識している。すでに、汎用的なタブレット端末では、英語や日本語のみならず多言語で、スタイラスペンによるオンライン手書き文字認識入力が搭載されている。手書き文字認識は、キーボード入力とは全く異なり、入力される手書きのストロークデータによって、認識結果が出力される。手書き文字認識は、多くの人が採用する筆順（ストローク情報）を学習することによって、機械学習技術を使用し、認識アルゴリズムによって文字データベースとパターンマッチングをして、書かれた文字をテキスト情報に変換している。文字認識に関しては、走り書きや重ね書きもかなりの認識率を実現し、様々な場面で実用化されている。鉛筆で紙に書いているのと同じ感覚で入力できるため、教育、特に、小中学生に対しては、魅力的な入力方法である。オンライン手書き数式認識に関しても、様々なアプリケーションで実用化されているが、文字認識とは異なり、認識率が比較的高いモデルは、数学記号の認識と構造認識の組み合わせで行われている。認識結果は、LaTeXやMathMLに変換して出力される。オープンソースのシステムでは、オンライン手書き数式入力のモジュールやプラグインが公開されたり、販売されたりしている。また、公開されているオンライン手書き認識のソフトウェア開発キット（Software Development Kit; SDK）やクラウド開発キット（Cloud Development Kit; CDK）を用いて、モジュールやプラグインを開発することも可能である。オンライン手書き数式入力は、CBTでは有効性が高いばかりでなく、数式に関してはキーボードあるいはソフトウェアキーボードよりも効率的であるといえる。図7.1は、高校生による実際のストロークとその認識結果である。この時は、手書き入力

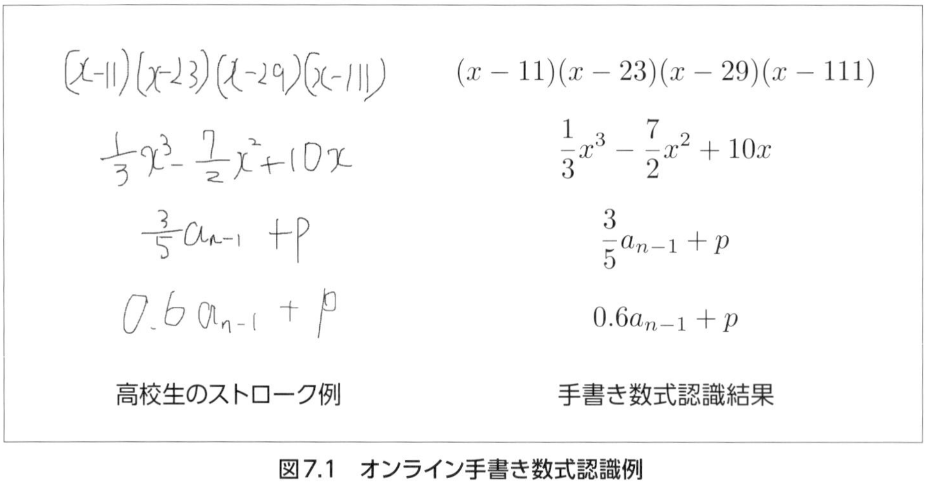

高校生のストローク例	手書き数式認識結果
$(x-11)(x-23)(x-29)(x-111)$	$(x-11)(x-23)(x-29)(x-111)$
$\frac{1}{3}x^3 - \frac{7}{2}x^2 + 10x$	$\frac{1}{3}x^3 - \frac{7}{2}x^2 + 10x$
$\frac{3}{5}a_{n-1} + p$	$\frac{3}{5}a_{n-1} + p$
$0.6a_{n-1} + p$	$0.6a_{n-1} + p$

図7.1　オンライン手書き数式認識例

後に、各自が認識結果を確認し、入力を確定する方式をとった。認識が上手くいかなかった場合は、書き直して、認識結果を表示、確認を繰り返してもらった。ログデータから、95%程度は1回で認識が上手くいっていて、逆に書き直しになった約5%のうちの多くは、紙に書いているときと同じ感覚で、最後に、ピリオドのような点（ノイズ）を打ってしまい、それもピリオドとして認識されたための書き直しであった。

7.4 制限時間の設定

　CBTの特徴として、問題ごとに制限時間を設定することができる。しかし、いくつかの事例から、日本の高校生は、問題ごとに制限時間があるよりも、複数問での合計時間による制限時間を好む傾向がある。これまでに、問題ごとに制限時間があるテストを受けた経験が少なく、また、PBTで見直す習慣が身についているための影響と思われる。計算問題や知識を問うことが中心のドリル形式の問題か、思考力を問われるじっくり考えなければならない問題かにも依存するであろう。

7.5 自動採点と手動採点

　自動採点の様々な研究もなされているが、既存のシステムで自動採点が困難である問題のタイプは、第6章で問題のタイプ別にも触れたように、6.7の記述式問題（作文問題）である。短答式問題は、事前にすべての正答パターンが列挙できれば、自動採点ができるものが多く、数値を答える問題は、システムによっては誤差を設定することもできる。数式で答える問題は、初等中等教育では、CASで同値性の自動判定をするよりも、すべての数式を列挙した方がよい場合がある。しかし、図7.1の最初の例は、因数の順番だけで$4!=24$通りあり、正負の入れ替も考慮すると、さらにその何倍もあり、表記が異なる同値の数式を列挙するには多すぎる。CASが組み込めない場合は、代表的な表記のみを自動採点し手動採点を併用するか、数式の書き方に限定条件をつけるかという対応も含め、受験者数の規模によって、費用対効果を考慮して判断すべきであろう。

7.6 フィードバック

　多くの既存のシステムでは、典型的な誤答に対して、フィードバックを付与できる。特に、eラーニングとしての活用の場合は、有効である。また、解答者に正答を開示するか、開示する場合は、どの時点で開示するのかも、設定可能である。実施が個別か一斉かにも

よって、判断が異なるであろう。

　また、実施者は、受験者の解答結果、正誤結果、事前に設定した配点による得点情報、操作ログを閲覧したり、ファイルとしてエクスポートしたりすることが可能である。システムによっては、項目の分析結果や統計表といった情報も表示され、問題の改善や、指導に活かすことができる。

7.7 テストとしての配信

　システムによって、問題作成時点で、複数問題を続けて組み込んでいくタイプ（例えば、manaba）と、問題を問題（アイテム）バンク（プール）にストックし、それらから問題を組み合わせてテストとして配信とするタイプ（例えば、Moodle、TAO）がある。後者は、PBTでの冊子化のデジタル版作業で、様々な設定ができる。例えば、期日、制限時間（制限時間を超過しても解答可とする設定も可能）、問題のレイアウト（Webページとに1問ずつにページ遷移するか、複数問にしてスクロールするか）、出題順（指定順か、受験者ごとにランダム順か）、個々の受験者に対する特別措置（期限や制限時間）、正答や正誤・得点・フィードバックといった情報の開示のタイミング（個別単位での受験直後、グループ単位での受験後、日時指定、非開示等）である。診断的評価、形成的評価、総括的評価のいずれなのか、ハイステークスなのかローステークスなのかというように、状況や目的で設定が異なるであろう。個々の受験者が、個別に受験している場合、解答終了後に個別に正答を開示してしまうと、まだ受験していない他の受験予定者に、正答が伝わる可能性もある。また、最近どの端末でも画面キャプチャが容易にできるため、受験者による問題の画面キャプチャの可能性も念頭に入れておく必要があるであろう。

7.8 ログデータの活用

　LMSやCBTシステムでは、解答者の様々な操作ログがタイムスタンプとともに記録可能である。ログインの日時、問題に解答した日時、問題の画面遷移の日時等である。特に、高等教育機関では、近年、LMSの学習ログ解析が盛んに行われている。その多くがアクセス数を軸にした行動データのログ解析が中心となっている。解析しやすいところから研究が進められているともいえる。学習ログの分析は、特定の条件に基づくデータの抽出も容易であり、解答に要した時間や解答の遷移など、PBTでは得ることができないより多くの情報が取得できることから、データに基づいた新たな評価や分析結果の活用の可

能性を秘めている。筆者らは、解答の書き換え履歴、（問題間の解答間隔時間による）問題ごとに要した時間、解答の順序履歴等、解答行動に踏み込んだ解答者のパフォーマンスの追跡を試みたりしている。今後、そのようなデータの分析を、どのように学習改善、指導改善、問題そのものの改善へとつなげていくかが課題である。

7.9 アクセシビリティ

　デジタルコンテンツを用いた評価は、受験者の知識・技能や思考力・判断力・表現力といった力を測定することを目的としている。そのためには、測りたいことと無関係な要素を取り除く必要がある。その実現のためには、すべての利用者が、どんな環境でもなるべく同じように閲覧や操作が可能であることを目指す必要がある。本書でこれまでも紹介してきた諸外国でも利用されているLMSやCBTシステムでは、Webベースであることから、コンテンツをどのように提示するかは、ウェブアクセシビリティの基準に従っている。国際基準としては、Webで使用される技術の標準化を推進する団体であるW3C（World Wide Web Consortium）が策定しているWCAG（Web Content Accessibility Guidelines）[1] が最も広く採用されていて、ほとんどのシステムでは、この基準に準拠するよう取り組まれている。システムにアクセシビリティチェックの機能が備わっている場合は、WCAGのバージョン2.0あるいは2.1が使用されていることが多い。国内のガイドラインとしては、ウェブアクセシビリティ基盤委員会が策定している日本工業規格（JIS）X 8341-3がある [2]。そもそも、問題開発者や教員がデジタルコンテンツを作成していることが多々あり、完全にアクセシビリティの基準に準拠しているということは難しい。それを意識し、システムにアクセシビリティチェックの機能が備わっている場合は、それを用いてチェックすることを怠らず、ウェブアクセシビリティの向上を目指す必要がある。

参考文献

[1] W3C. Web Content Accessibility Guidelines（WCAG）（accessed 2023-9-30）.
　（WCAG2.0の日本語訳）（閲覧日：2023年9月30日）.

（日本語訳）

[2] ウェブアクセシビリティ基盤委員会. 日本工業規格（JIS）X 8341-3:2016.（閲覧日：2023年9月30日）.

編著者紹介、執筆者一覧、提供・協力

編著者紹介

安野 史子 （やすの ふみこ）

国立教育政策研究所教育課程研究センター基礎研究部総括研究官

　名古屋大学理学部数学科卒業、名古屋大学大学院理学研究科博士課程後期課程数学専攻満了。2000年に名古屋大学にて博士（理学）を取得。国立教育政策研究所教育課程研究センター基礎研究部主任研究官を経て、現在、国立教育政策研究所教育課程研究センター基礎研究部総括研究官。

　専門は、応用数学（代数的組合せ論）及び数学教育（教育評価）。

執筆者一覧

安野 史子	編著者	はじめに、第1・2章、**3.4** 21、第4〜7章
岩城 圭一	富山県立にいかわ総合支援学校長	**3.1** 8
右近 修治	東京学芸大学教育学部研究員	**3.2** 13 14
岡本 英治	広島大学附属福山高等学校教諭	**3.1** 4
北野 賢一	大阪府教育庁教育振興室高等学校課主任指導主事	**3.2** 16 （共著）
小林 雅之	東京学芸大学附属高等学校教諭	**3.1** 10
杉山 礼	新潟県立長岡高等学校教頭	**3.1** 11
寺崎 清光	富山第一高等学校非常勤講師	**3.1** 3
中村 泰之	名古屋大学教養教育院教授	**3.3** 19、**3.4** 26
西村 圭一	東京学芸大学大学院教育学研究科教授	**3.1** 1、**3.3** 17 18、**3.4** 22
根上 生也	横浜国立大学名誉教授	**3.1** 2、**3.2** 12、**3.4** 23 24
長谷川 拓	山梨県立甲府西高等学校教諭	**3.1** 9
林 誠一	富山大学大学院教職実践開発研究科教授	**3.1** 7、**3.4** 27 （共著）
松髙 和秀	佐賀県立致遠館高等学校教諭	**3.3** 20
松原 静郎	桐蔭横浜大学名誉教授 国立教育政策研究所名誉所員	**3.2** 15
安田 淳一郎	名古屋大学教育基盤連携本部准教授	**3.4** 25
柳澤 秀樹	筑波大学附属高等学校教諭	**3.1** 5
山下 卓弥	富山県立富山中部高等学校教諭	**3.1** 6、**3.2** 16 （共著）、**3.4** 27 （共著）

※五十音順　2023年10月現在

提供・協力

中村加津雄

株式会社ナリカ

本書に頻出する略語一覧

略語	省略しない名称 及び 説明	初出頁
ACT	American College Testing	142
ADL	Advanced Distributed Learning	143
CAS	Computer Algebra System（数式処理システム）	165
CAT	Computer-adaptive Testing, Computerized Adaptive Test（コンピュータ適応型テスト）	14
CBAM	Computer-based Assessment of Mathematics	15
CBAS	Computer-based Assessment of Science	15
CBT	Computer Based Testing（コンピュータ型のテスト）	(2) 8
CDK	Cloud Development Kit（クラウド開発キット）	170
CSS	Cascading Style Sheets	144
DBA	Digitally Based Assessments	17
DGEs	Dynamic Geometry Environments	153
ETS	Educational Testing Service	15
GIGA	Global and Innovation Gateway for All	(2) 18
HTML	HyperText Markup Language	144
ICT	Information and Communication Technology（情報通信技術）	14
IEA	International Association for the Evaluation of Educational Achievement（国際教育到達度評価学会）	15
IGS	Interactive Geometry Software（動的幾何ソフト）	153
IRT	Item Response Theory（項目反応理論）	14
LIST	Luxembourg Institute for Science and Technology	141
LMS	Learning Management System（学習管理システム）	(2) 8
MEXCBT	MEXT（Ministry of Education, Culture, Sports, Science and Technology）+CBT（Computer Based Testing）（メクビット文部科学省CBTシステム）	18
NAEP	National Assessment of Educational Progress（全米学力調査）	15
OAT	Open Assessment Technologies S.A.	141
OECD	Organisation for Economic Co-operation and Development（経済協力開発機構）	15
PBA	Paper-based Assessment	17
PBT	Paper Based Testing（筆記型のテスト）	8
PIACC	Programme for the International Assessment of Adult Competencies（PIACC調査）	142
PISA	Programme for International Student Assessment（生徒の学習到達度調査）	15
QTI	Question and Test Interoperability	140
SCORM	Sharable Content Object Reference Model	143
SDK	Software Development Kit（ソフトウェア開発キット）	170
TAO	Testing Assisté par Ordinateur（Computer Based Testingのフランス語の頭字語）	141
TIMSS	Trends in International Mathematics and Science Study（国際数学・理科教育動向調査）	15
W3C	World Wide Web Consortium	173
WCAG	Web Content Accessibility Guidelines	173
XML	Extensible Markup Language	158

先生のための
CBT問題事例&作成ガイドブック

── 高等学校　数学・理科

2023年10月2日　初版第1刷発行

編著者 ──── 安野　史子

発行人 ──── 安部　英行

発行所 ──── 学事出版株式会社

〒101-0051　東京都千代田区神田神保町1-2-5
☎03-3518-9655
HPアドレス　https://www.gakuji.co.jp

● 編集担当 ──────── 二井　豪
● デザイン・組版 ──── 細川 理恵
● 印刷・製本 ──────── 電算印刷株式会社

Ⓒ Yasuno Fumiko, 2023

乱丁・落丁本はお取り替えします。
ISBN 978-4-7619-2964-0　C3037　　　Printed in Japan